Starker Wille, starkes Leben

von Frank Kralemann

Buchbeschreibung:

DER STARKE WILLE: Was ihn stützt und was ihm schadet

Willenskraft ist wie ein Muskel – trainierbar, erschöpfbar und der Schlüssel zu einem selbstbestimmten Leben. Doch warum scheitern wir trotz bester Vorsätze immer wieder an unseren Zielen? Dieses Buch enthüllt die wissenschaftlichen Grundlagen der Willenskraft und zeigt, wie Sie Ihre Selbstkontrolle systematisch stärken können. Sie erfahren, wie Schlaf, Ernährung und soziale Unterstützung Ihren Willen beeinflussen und wie Sie Prokrastination, negative Selbstgespräche und Burnout überwinden.

Mit dem integrierten 30-Tage-Trainingsplan entwickeln Sie Schritt für Schritt einen stärkeren Willen – und damit die Fähigkeit, Ihr Leben nach Ihren eigenen Vorstellungen zu gestalten. Ergänzt durch praktische Übungen, App-Empfehlungen und weiterführende Literatur bietet dieses Buch alles, was Sie für nachhaltigen Erfolg benötigen.

Nehmen Sie Ihr Leben selbst in die Hand. Denn ein starker Wille öffnet Türen, die vorher verschlossen schienen.

Über den Autor:

Frank Kralemann schreibt schon seit vielen Jahren Bücher. Ein Thema ist Prokrastination und das Training des Willens.

Zu diesen Themen hat er auch schon einige Bücher veröffentlicht. Frank Kralemann ist Vater und Großvater und lebt in Ostwestfalen.

Starker Wille, starkes Leben

Wie man einen starken Willen aufbaut

von Frank Kralemann

1. Auflage, 2025 Frank Kralemann
© 2025 Alle Rechte vorbehalten.

Verlag: BoD · Books on Demand GmbH,
In de Tarpen 42, 22848 Norderstedt,
bod@bod.de
Druck: Libri Plureos GmbH,
Friedensallee 273, 22763 Hamburg

ISBN: 978-3-7693-8989-0

Inhaltsverzeichnis

Der starke Wille

Der Schlüssel zu einem selbstbestimmten Leben

Liebe Leserin, lieber Leser,

in einer Welt voller Ablenkungen, Herausforderungen und ständig wachsender Anforderungen ist ein starker Wille mehr denn je der Schlüssel zu einem erfolgreichen und erfüllten Leben. Vielleicht kennen Sie das Gefühl: Sie haben sich fest vorgenommen, eine neue Gewohnheit zu entwickeln, ein wichtiges Ziel zu erreichen oder eine längst überfällige Veränderung in Ihrem Leben anzugehen. Doch trotz bester Absichten und anfänglicher Motivation finden Sie sich immer wieder in alten Mustern wieder. Die guten Vorsätze verschwinden im Alltag, und die ersehnte Veränderung bleibt aus.

Dieses Buch wird Ihr verlässlicher Begleiter auf dem Weg zu einem stärkeren Willen sein. Es basiert auf aktuellen wissenschaftlichen Erkenntnissen der Psychologie und Neurowissenschaften, verbunden mit jahrelanger praktischer Erfahrung in der Arbeit mit Menschen, die ihr Leben nachhaltig verändern wollten. Die gute Nachricht ist: Willenskraft ist keine angeborene Eigenschaft, sondern eine Fähigkeit, die systematisch trainiert und entwickelt werden kann – genau wie ein Muskel.

Der besondere Wert dieses Buches liegt in seinem ganzheitlichen Ansatz. Wir betrachten nicht nur die psychologischen Aspekte der Willenskraft, sondern auch die körperlichen, emotionalen und sozialen Faktoren, die unseren Willen stärken oder schwächen können. Sie werden lernen, wie Ihre Gedanken, Gefühle, Gewohnheiten und Ihr soziales Umfeld Ihre Willenskraft beeinflussen und wie Sie diese Erkenntnisse für Ihre persönliche Entwicklung nutzen können.

Im Laufe der kommenden Kapitel werden Sie verstehen, warum bisherige Versuche, Ihren Willen zu stärken, möglicherweise gescheitert sind. Sie werden die häufigsten Fallstricke kennenlernen, die unsere Willenskraft sabotieren, und konkrete Strategien erlernen, wie Sie diese überwinden können. Dabei geht es nicht um perfekte Selbstkontrolle oder übermenschliche Disziplin, sondern um ein tieferes Verständnis Ihrer selbst und die Entwicklung nachhaltiger Strategien für ein selbstbestimmtes Leben.

Was können Sie von diesem Buch erwarten? Zunächst werden Sie ein fundiertes Verständnis dafür entwickeln, was Willenskraft eigentlich ist und wie sie funktioniert. Sie werden lernen, dass Willenskraft keine unerschöpfliche Ressource ist, sondern klug eingesetzt werden muss.

Die wissenschaftlichen Erkenntnisse werden dabei so aufbereitet, dass sie direkt in Ihrem Alltag anwendbar sind.

Ein besonderer Schwerpunkt liegt auf praktischen Übungen und Werkzeugen, die Sie Schritt für Schritt dabei unterstützen, Ihre Willenskraft zu stärken. Sie erhalten einen strukturierten 30-Tage-Trainingsplan, der Ihnen hilft, die gelernten Konzepte in die Praxis umzusetzen. Dabei werden Sie von konkreten Beispielen, Fallstudien und Erfahrungsberichten anderer Menschen profitieren, die ihren Willen erfolgreich gestärkt haben.

Die wahre Stärke dieses Buches liegt in seinem ganzheitlichen Ansatz zur Entwicklung der Willenskraft. Sie werden erkennen, dass ein starker Wille nicht isoliert existiert, sondern eng mit Ihrem körperlichen Wohlbefinden, Ihrer emotionalen Balance und Ihren sozialen Beziehungen verwoben ist. Wir werden gemeinsam erkunden, wie ausreichend Schlaf, gesunde Ernährung und regelmäßige Bewegung Ihre Willenskraft unterstützen können. Sie werden verstehen, warum Stress und emotionale Belastungen Ihre Willenskraft schwächen und welche praktischen Strategien Sie dagegen einsetzen können.
Ein besonders wichtiger Aspekt, den dieses Buch behandelt, ist die Rolle der Selbstwahrnehmung und Selbstreflexion. Sie werden lernen, Ihre eigenen Denk- und Verhaltensmuster besser zu verstehen und zu erkennen, welche inneren und äußeren Faktoren Ihre Willenskraft beeinflussen. Diese Erkenntnisse werden Ihnen helfen,

individuelle Strategien zu entwickeln, die zu Ihrer Persönlichkeit und Ihren Lebensumständen passen.

Ein weiterer wesentlicher Gewinn aus der Lektüre dieses Buches ist das Verständnis für die Bedeutung klarer Ziele und intrinsischer Motivation. Sie werden lernen, wie Sie Ziele so formulieren, dass sie Ihre Willenskraft optimal unterstützen, statt sie zu erschöpfen. Dabei geht es nicht nur um die technische Seite der Zielsetzung, sondern vor allem darum, eine tiefe Verbindung zwischen Ihren Zielen und Ihren persönlichen Werten herzustellen.

Das Buch wird Ihnen auch zeigen, wie Sie die Macht der Gewohnheiten für sich nutzen können. Sie werden verstehen, wie Gewohnheiten entstehen, wie sie unsere Willenskraft entlasten können und wie Sie neue, positive Gewohnheiten entwickeln können. Diese Erkenntnisse werden Ihnen helfen, Ihre Willenskraft effizienter einzusetzen und nachhaltige Veränderungen in Ihrem Leben zu bewirken.

Ein besonders wertvoller Aspekt dieses Buches ist die Behandlung des Themas Rückschläge und Misserfolge. Sie werden lernen, dass Rückschläge ein normaler Teil des Entwicklungsprozesses sind und wie Sie diese als Lernchancen nutzen können. Das Buch wird Ihnen praktische Strategien vermitteln, wie Sie nach Rückschlägen wieder aufstehen und Ihren Weg fortsetzen können, ohne in Selbstzweifel oder Resignation zu verfallen.

Die Integration eines unterstützenden sozialen Umfelds ist ein weiterer wichtiger Baustein, den dieses Buch behandelt. Sie werden erfahren, wie Sie ein Netzwerk aufbauen können, das Sie in Ihrer Entwicklung unterstützt, und wie Sie die Kraft der sozialen Unterstützung für Ihre Ziele nutzen können. Dabei geht es sowohl um praktische Unterstützung als auch um emotionalen Rückhalt und gegenseitige Motivation.

Ein besonderer Mehrwert dieses Buches liegt in seiner Praxisnähe. Jedes Kapitel enthält konkrete Übungen, Reflexionsfragen und Arbeitsblätter, die Ihnen helfen, das Gelernte direkt in Ihren Alltag zu übertragen. Der 30-Tage-Trainingsplan am Ende des Buches wird Ihnen eine strukturierte Anleitung geben, wie Sie die verschiedenen Aspekte der Willenskraft systematisch entwickeln können.

Dieses Buch ist mehr als ein theoretischer Ratgeber – es ist ein praktischer Wegbegleiter auf Ihrer Reise zu einem stärkeren Willen. Sie werden nicht nur verstehen, wie Willenskraft funktioniert, sondern auch konkrete Werkzeuge an die Hand bekommen, um diese Erkenntnisse in Ihrem Leben umzusetzen. Die Kombination aus wissenschaftlichen Erkenntnissen, praktischen Übungen und persönlichen Erfahrungsberichten wird Ihnen helfen, Ihre Willenskraft nachhaltig zu stärken und Ihre Ziele mit größerer Leichtigkeit zu erreichen.

Am Ende der Lektüre werden Sie nicht nur über einen stärkeren Willen verfügen, sondern auch ein tieferes Verständnis für sich selbst entwickelt haben. Sie werden wissen, wie Sie Ihre Energie klug einsetzen können, wie Sie mit Hindernissen und Rückschlägen umgehen und wie Sie Ihre Ziele mit Ausdauer und Überzeugung verfolgen können. Dieses Wissen wird Ihnen in allen Lebensbereichen zugutekommen – sei es im Beruf, in persönlichen Beziehungen oder bei der Verfolgung Ihrer persönlichen Ziele.

Lassen Sie uns gemeinsam diese Reise beginnen – eine Reise zu mehr Selbstbestimmung, innerer Stärke und einem erfüllteren Leben durch einen gestärkten Willen.

Was ist Willenskraft wirklich?

In unserer täglichen Erfahrung begegnet uns Willenskraft in vielen verschiedenen Situationen. Es ist jene innere Kraft, die uns morgens aus dem Bett treibt, wenn der Wecker klingelt, obwohl wir noch müde sind. Es ist die Energie, die uns hilft, bei einer schwierigen Aufgabe durchzuhalten, statt aufzugeben. Es ist die Stärke, die uns dabei unterstützt, unseren langfristigen Zielen treu zu bleiben, auch wenn kurzfristige Verlockungen locken.

Doch was genau verstehen wir unter Willenskraft aus wissenschaftlicher Sicht? Die Psychologie definiert Willenskraft als die Fähigkeit zur Selbstregulation – die Kapazität, unsere Gedanken, Gefühle und Verhaltensweisen bewusst zu steuern und zu kontrollieren. Diese Definition mag zunächst abstrakt klingen, aber sie offenbart einen wichtigen Aspekt: Willenskraft ist keine mysteriöse, ungreifbare Eigenschaft, sondern eine konkrete, messbare und vor allem entwickelbare Fähigkeit unseres Gehirns.

Um Willenskraft besser zu verstehen, ist es hilfreich, sie von verwandten Begriffen abzugrenzen. Während Motivation uns den Antrieb gibt, etwas zu tun, ist Willenskraft die Fähigkeit, diesen Antrieb auch dann aufrechtzuerhalten, wenn Hindernisse oder Widerstände auftreten. Selbstdisziplin wiederum ist eher das Ergebnis regelmäßig eingesetzter Willenskraft – sie entsteht, wenn wir unseren Willen wiederholt in bestimmten Situationen einsetzen und damit Gewohnheiten entwickeln.

Die neurowissenschaftliche Forschung hat in den letzten Jahren faszinierende Einblicke in die biologischen Grundlagen der Willenskraft geliefert. Besonders interessant ist die Rolle des präfrontalen Cortex, jenes Bereichs unseres Gehirns, der direkt hinter der Stirn liegt. Dieser Bereich ist nicht nur für die Planung und Entscheidungsfindung zuständig, sondern auch für die Impulskontrolle und die Regulation unseres Verhaltens. Wenn wir unsere Willenskraft einsetzen, wird dieser Bereich besonders aktiv – wie ein Muskel, der arbeitet.

Diese Analogie zum Muskel ist übrigens mehr als nur ein bildlicher Vergleich. Wie ein Muskel kann unsere Willenskraft ermüden, wenn wir sie zu stark beanspruchen. Das erklärt, warum es uns am Ende eines anstrengenden Arbeitstages oft schwerer fällt, Versuchungen zu widerstehen oder schwierige Aufgaben anzugehen. Aber wie ein Muskel kann unsere Willenskraft auch durch regelmäßiges Training gestärkt werden.

Ein weiterer wichtiger Aspekt ist die Rolle der Glucose für unsere Willenskraft. Unser Gehirn benötigt Energie in Form von Glucose, um Willenskraft aufrechtzuerhalten. Studien haben gezeigt, dass Menschen nach Aufgaben, die viel Willenskraft erfordern, einen niedrigeren Blutzuckerspiegel aufweisen. Das erklärt auch, warum es uns schwerer fällt, Willenskraft aufzubringen, wenn wir hungrig sind oder unser Energielevel niedrig ist.

Eine der faszinierendsten Erkenntnisse der Willenskraft-Forschung ist das Konzept der „Ego-Erschöpfung". Dieses Phänomen beschreibt, wie unsere Willenskraft im Laufe des Tages abnimmt, je öfter wir sie einsetzen müssen. Es ist, als hätten wir ein tägliches „Willenskraft-Budget", das wir klug einteilen müssen. Diese Erkenntnis ist besonders wichtig für das praktische Management unserer Willenskraft im Alltag.

Ein häufiges Missverständnis ist die Annahme, dass Willenskraft eine angeborene Eigenschaft sei, die man entweder hat oder nicht hat. Die Forschung zeigt jedoch eindeutig, dass Willenskraft erlernbar und trainierbar ist. Wie bei jedem Training ist dabei Regelmäßigkeit wichtiger als die Intensität. Kleine, aber konstante Übungen zur Stärkung der Willenskraft sind effektiver als sporadische, übermäßige Anstrengungen.

Die Bedeutung der Willenskraft für unser Leben kann kaum überschätzt werden. Langzeitstudien haben gezeigt, dass Menschen mit einer stärkeren Willenskraft im

Durchschnitt erfolgreicher im Beruf sind, stabilere Beziehungen führen, gesünder leben und eine höhere Lebenszufriedenheit aufweisen. Die berühmte „Marshmallow-Studie" von Walter Mischel demonstrierte eindrucksvoll, wie die Fähigkeit zur Selbstkontrolle bereits im Kindesalter spätere Lebenserfolge vorhersagen kann.

Besonders interessant ist auch die Verbindung zwischen Willenskraft und unseren Emotionen. Lange Zeit wurde Willenskraft als rein rationale Fähigkeit betrachtet, doch heute wissen wir, dass unsere emotionale Verfassung einen erheblichen Einfluss auf unsere Willenskraft hat. Positive Emotionen können unsere Willenskraft stärken, während negative Emotionen sie schwächen können.

Ein weiterer wichtiger Aspekt ist die Rolle unserer Gedanken und Überzeugungen. Unser Glaube an die eigene Willenskraft beeinflusst maßgeblich, wie effektiv wir sie einsetzen können. Menschen, die glauben, dass Willenskraft unbegrenzt ist, geben bei schwierigen Aufgaben weniger schnell auf als Menschen, die Willenskraft als begrenzte Ressource betrachten.

Die gute Nachricht ist: Jeder von uns hat das Potenzial, seine Willenskraft zu stärken. Es ist ein Prozess, der Zeit und Geduld erfordert, aber die Belohnung ist es wert. Mit einem stärkeren Willen gewinnen wir mehr Kontrolle über unser Leben, können unsere Ziele effektiver verfolgen und erleben ein größeres Gefühl von Selbstwirksamkeit und Zufriedenheit.

In den folgenden Kapiteln werden wir uns detailliert damit beschäftigen, wie Sie Ihre Willenskraft systematisch stärken können. Wir werden praktische Strategien kennenlernen, wie Sie Ihre Willenskraft effektiv einsetzen können, wie Sie mit Rückschlägen umgehen und wie Sie langfristig erfolgreich bleiben können. Dabei werden wir sowohl die psychologischen als auch die physiologischen Aspekte der Willenskraft berücksichtigen und einen ganzheitlichen Ansatz zur Stärkung Ihres Willens entwickeln.

Positive Selbstgespräche und Denkweisen

Der innere Dialog als Verbündeter
Unser Gehirn führt einen kontinuierlichen inneren Dialog, der unsere Willenskraft entscheidend beeinflusst. Stellen Sie sich diese innere Stimme als einen ständigen Begleiter vor, der entweder als unterstützender Coach oder als kritischer Beobachter auftreten kann. Die Qualität dieses inneren Dialogs bestimmt maßgeblich, wie effektiv wir unseren Willen einsetzen können.

Die Neurowissenschaft hat gezeigt, dass positive und negative Selbstgespräche unterschiedliche neurologische Pfade aktivieren. Negative Selbstgespräche aktivieren das Angstzentrum im Gehirn, den Mandelkern, was zu einer erhöhten Stressreaktion führt und unsere Willenskraft schwächt. Positive Selbstgespräche hingegen aktivieren den präfrontalen Cortex, jenen Bereich, der für Selbst-regulation und Willenskraft zuständig ist.

Die Transformation negativer Selbstgespräche beginnt mit der bewussten Wahrnehmung unserer inneren Dialoge. Oft laufen diese Gespräche so automatisch ab, dass wir ihren Einfluss auf unsere Willenskraft gar nicht bemerken. Die erste Aufgabe besteht darin, diese auto-matischen Gedanken zu „fangen" und sie bewusst zu machen. Ein effektives Werkzeug dafür ist das „Ge-danken-Protokoll", in dem wir herausfordernde Situa-tionen und unsere damit verbundenen Selbstgespräche dokumentieren.

Die Entwicklung positiver Denkweisen geht über bloßes positives Denken hinaus. Es geht nicht darum, negative Gedanken einfach durch positive zu ersetzen, sondern darum, einen realistischen und konstruktiven inneren Dialog zu entwickeln. Dieser Dialog sollte drei Qualitäten aufweisen:

Lösungsorientierung statt Problemfixierung
Entwicklungsperspektive statt statischer Sichtweise
Selbstunterstützung statt Selbstkritik

Ein besonders wirksamer Ansatz ist die „Mentor-Pers-pektive". Fragen Sie sich in schwierigen Situationen: „Wie würde ein wohlwollender Mentor diese Situation betrachten? Welchen Rat würde er geben?" Diese Pers-pektive hilft uns, eine ausgewogenere und konstruktivere Sichtweise einzunehmen.

Die erste effektive Technik ist die „Gedanken-Unterbrechung". Wenn wir einen negativen inneren Dialog bemerken, führen wir bewusst ein Stoppsignal ein. Dies kann ein mentales „Stopp!" Sein oder eine kleine physische Geste wie das Schnipsen mit den Fingern. Diese Unterbrechung schafft einen kurzen Moment der Distanz, in dem wir unseren Gedankengang neu ausrichten können.

Die „Umformulierungs-Methode" hilft uns, belastende Gedanken in konstruktive Aussagen zu verwandeln. Dabei ist es wichtig, authentisch zu bleiben. Statt „Ich schaffe das nie" könnte eine realistische Umformulierung lauten: „Dies ist eine Herausforderung, aber ich kann Schritt für Schritt daran arbeiten." Die neue Formulierung sollte für uns glaubwürdig sein und gleichzeitig Handlungsspielräume eröffnen.

Eine besonders nachhaltige Technik ist das „Evidenz-Sammeln". Unser Gehirn neigt dazu, negative Überzeugungen durch selektive Wahrnehmung zu bestätigen. Dem begegnen wir, indem wir systematisch Beweise für unsere Fähigkeiten und Erfolge sammeln. Führen Sie ein „Erfolgs-Logbuch", in dem Sie täglich mindestens eine Situation notieren, die Ihre Kompetenz oder Willenskraft beweist.

Die „Dankbarkeits-Praxis" erweitert unseren mentalen Fokus. Wenn wir jeden Abend drei Dinge notieren, für die wir dankbar sind, trainieren wir unser Gehirn, auch positive Aspekte wahrzunehmen. Dies schafft ein Gegengewicht zu unserer evolutionär bedingten Tendenz, uns auf Probleme und Gefahren zu konzentrieren.

Im Umgang mit Perfektionismus ist die „Fortschritts-statt-Perfektion-Strategie" besonders hilfreich. Statt uns an einem unerreichbaren Ideal zu messen, fokussieren wir uns auf den Vergleich mit unserem früheren Selbst. Die Frage lautet nicht „Bin ich gut genug?", sondern „Habe ich mich weiterentwickelt?"

Eine weitere wirksame Technik ist die „Freund-Perspektive". Wenn wir mit uns selbst hart ins Gericht gehen, fragen wir uns: „Würde ich so auch mit einem guten Freund sprechen?" Diese Perspektive hilft uns, einen angemesseneren, unterstützenderen Ton in unserem inneren Dialog zu finden.

Die Integration dieser neuen Denkmuster in unseren Alltag erfordert regelmäßige Übung. Ein bewährter Ansatz ist das „Mentale Training" am Morgen. Nehmen Sie sich fünf Minuten Zeit, um sich auf Ihren inneren Dialog einzustimmen und sich an Ihre konstruktiven Denkmuster zu erinnern. Diese morgendliche Praxis setzt den Ton für den gesamten Tag.

Praktische Übung 1: Das Tagebuch der negativen Selbstgespräche

Diese systematische Beobachtungsübung erstreckt sich über eine Woche. In einer kleinen Tabelle notieren Sie täglich Situationen, in denen negative Selbstgespräche auftreten. Erfassen Sie dabei drei Aspekte: die auslösende Situation, den genauen Wortlaut des negativen Selbstgesprächs und die Auswirkung auf Ihre Willenskraft. Diese

Dokumentation macht oft überraschende Muster sichtbar. Sie werden vielleicht feststellen, dass bestimmte Situationen oder Tageszeiten besonders häufig negative Selbstgespräche auslösen.

Praktische Übung 2: Die Entwicklung positiver Affirmationen

Affirmationen sind dann besonders wirksam, wenn sie persönlich bedeutsam und realistisch sind. Entwickeln Sie Ihre eigenen Affirmationen in drei Schritten: Identifizieren Sie zunächst eine häufig auftretende negative Aussage. Suchen Sie dann nach konkreten Gegenbeweisen aus Ihrer Erfahrung. Formulieren Sie daraus eine neue, stärkende Aussage. Zum Beispiel wird aus „Ich gebe immer zu schnell auf" die evidenzbasierte Affirmation „Ich habe bereits bewiesen, dass ich Herausforderungen meistern kann, wenn ich Schritt für Schritt vorgehe."

Praktische Übung 3: Die Umdeutung negativer Gedanken

Diese Übung nutzt ein strukturiertes Format mit vier Spalten:

Der ursprüngliche negative Gedanke
Die Gefühle, die dieser Gedanke auslöst
Eine objektivere Betrachtung der Situation
Eine konstruktive alternative Sichtweise

Diese systematische Analyse hilft uns, automatische negative Denkmuster zu durchbrechen und flexiblere Perspektiven zu entwickeln.

Praktische Übung 4: Der innere Dialog-Coach
Entwickeln Sie eine unterstützende innere Stimme, die wie ein persönlicher Coach fungiert. Schreiben Sie ein „Coaching-Skript" für typische Herausforderungssituationen. Dieses Skript sollte ermutigende, aber realistische Aussagen enthalten, die Ihre spezifischen Stärken und bisherigen Erfolge berücksichtigen. Die regelmäßige Verwendung dieses Skripts trägt dazu bei, einen konstruktiveren inneren Dialog zu etablieren.

Indem wir diese praktischen Übungen regelmäßig durchführen, entwickeln wir nach und nach einen inneren Dialog, der unsere Willenskraft stärkt statt schwächt. Der Schlüssel liegt in der konsequenten Anwendung und der Geduld, neue Denkmuster zu etablieren.

Der Weg zur Willensbildung

Von der Absicht zur Handlung
Die Entwicklung unseres Willens folgt einem faszinierenden psychologischen Prozess, den die renommierten Psychologen Heinz Heckhausen und Peter Gollwitzer anhand der Rubikon-Metapher eindrucksvoll beschrieben haben. Diese Metapher bezieht sich auf den historischen Moment, als Julius Cäsar im Jahr 49 v. Chr. den Fluss Rubikon überschritt – ein Punkt ohne Wiederkehr, der den

Beginn eines Bürgerkriegs markierte. Ähnlich verhält es sich mit unseren Willensentscheidungen: Es gibt einen kritischen Moment, an dem aus einem Wunsch eine verbindliche Entscheidung wird.

Das Rubikon-Modell der Handlungsphasen beschreibt den Prozess der Willensbildung in vier Phasen, die wir nun genauer betrachten werden. Dieses Verständnis ist fundamental für die Entwicklung eines starken Willens, da es uns hilft zu erkennen, an welcher Stelle wir uns gerade befinden und welche Schritte als nächstes notwendig sind.

Die erste Phase ist die prädezisionale Phase oder Abwägungsphase. In dieser Phase wägen wir verschiedene Wünsche und Handlungsoptionen gegeneinander ab. Wir analysieren die Vor- und Nachteile, schätzen unsere Erfolgsaussichten ein und bewerten die Wichtigkeit verschiedener Ziele. Diese Phase ist geprägt von einer realistischen, oft auch kritischen Betrachtungsweise. Wir fragen uns: „Ist dieses Ziel wirklich erstrebenswert? Kann ich es erreichen? Welche Konsequenzen hat meine Entscheidung?"

Der entscheidende Moment kommt mit der Intentionsbildung – dem Überschreiten des Rubikon. Hier verwandelt sich ein Wunsch in eine verbindliche Absicht. Dieser Moment ist von besonderer Bedeutung für die Willensbildung, denn er markiert den Übergang vom Abwägen zum Handeln. Die innere Haltung verändert sich von „Sollte ich?" Zu „Ich werde!". Dieser Entscheidungspunkt ist oft mit einem Gefühl der Erleichterung und Klarheit verbunden.

Nach der Intentionsbildung folgt die präaktionale Phase oder Planungsphase. Hier geht es darum, die getroffene Entscheidung in konkrete Handlungsschritte zu übersetzen. In dieser Phase ist unser Denken selektiv auf die Realisierung unseres Ziels ausgerichtet. Wir entwickeln Strategien, planen einzelne Schritte und legen fest, wann, wo und wie wir handeln werden. Diese Phase ist entscheidend für die spätere Umsetzung unserer Absichten.

Die aktionale Phase oder Handlungsphase ist der Moment der Wahrheit. Hier wird aus der Planung konkrete Aktion. In dieser Phase ist es besonders wichtig, dass wir unsere Aufmerksamkeit auf die Durchführung der geplanten Handlungen richten und uns nicht von Zweifeln oder konkurrierenden Zielen ablenken lassen. Die Willenskraft zeigt sich hier in ihrer vollen Stärke – oder Schwäche.

Die letzte Phase ist die postaktionale Phase oder Bewertungsphase. Hier evaluieren wir unsere Handlungen und deren Ergebnisse. Diese Phase ist wichtig für das Lernen aus Erfahrungen und die Anpassung künftiger Willensakte. Wir fragen uns: „Habe ich mein Ziel erreicht? Was hat gut funktioniert? Was könnte ich beim nächsten Mal besser machen?"

Ein besonders wichtiger Aspekt, der in der ursprünglichen Rubikon-Theorie nicht explizit behandelt wird, ist die Rolle der Emotionen in diesem Prozess. Unsere Gefühle beeinflussen maßgeblich, wie erfolgreich wir die verschiedenen Phasen durchlaufen. Positive Emotionen können uns Energie für die Umsetzung geben, während negative Emotionen uns bremsen können.

Die praktische Bedeutung dieses Modells für die Entwicklung unserer Willenskraft ist immens. Es hilft uns, zu verstehen, dass Willensbildung ein strukturierter Prozess ist, der verschiedene Phasen durchläuft. Jede Phase hat ihre eigenen Herausforderungen und benötigt spezifische Strategien:

In der Abwägungsphase ist es wichtig, dass wir uns Zeit für eine gründliche Analyse nehmen. Vorschnelle Entscheidungen führen oft zu schwachem Commitment und damit zu schwacher Willenskraft in der Umsetzung. Hier können Techniken wie Pro-Contra-Listen oder Werteanalysen hilfreich sein.

In der Phase der Intentionsbildung - dem Überschreiten des Rubikon - ist es entscheidend, dass wir unsere Entscheidung bewusst und klar treffen. Ein hilfreiches Ritual kann sein, die Entscheidung schriftlich festzuhalten oder sie anderen mitzuteilen. Dies erhöht unsere Verbindlichkeit und stärkt unseren Willen zur Umsetzung. Die Forschung zeigt, dass öffentlich gemachte Vorsätze eine höhere Realisierungswahrscheinlichkeit haben als solche, die wir nur für uns behalten.

Die Planungsphase verlangt besondere Aufmerksamkeit für Details. Hier ist das Konzept der Implementierungsintentionen von großer Bedeutung. Dabei geht es darum, konkrete Wenn-Dann-Pläne zu entwickeln: „Wenn Situation X eintritt, dann werde ich Y tun." Diese spezifischen Handlungspläne programmieren unser Gehirn gewissermaßen vor und machen es wahrscheinlicher, dass wir in der entscheidenden Situation auch tatsächlich handeln. Ein Beispiel: „Wenn ich morgens aufwache, dann ziehe ich sofort meine Laufkleidung an" ist wesentlich wirksamer als der vage Vorsatz „Ich will mehr Sport treiben."

In der Handlungsphase ist es wichtig, Strategien zur Überwindung von Widerständen bereitzuhalten. Hier kommt das Konzept der „Willenskraft-Reserven" ins Spiel. Wir sollten uns bewusst sein, dass unsere Willenskraft Schwankungen unterliegt und entsprechende Vorkehrungen treffen. Das kann bedeuten, dass wir wichtige Aufgaben auf Zeiten legen, in denen unsere Willenskraft typischerweise stark ist, oder dass wir unsere Umgebung so gestalten, dass sie uns bei der Zielerreichung unterstützt statt uns zu behindern.

Ein oft unterschätzter Aspekt der Willensbildung ist die Rolle von Ordnung und Abschluss. Unser Gehirn strebt von Natur aus nach Ordnung und Vollständigkeit. Unerledigte Aufgaben und Unordnung binden mentale Energie und schwächen unseren Willen. Dieser Effekt wurde erstmals von der Psychologin Bluma Zeigarnik beschrieben und ist als Zeigarnik-Effekt bekannt: Unerledigte Aufgaben bleiben im Gedächtnis aktiv und erzeugen eine unterschwellige Spannung, die uns Energie raubt.

Die Bedeutung von Ordnung für unseren Willen zeigt sich auf verschiedenen Ebenen. Auf der physischen Ebene kann eine aufgeräumte Umgebung unsere Konzentration und Entscheidungskraft stärken. Studien haben gezeigt, dass Menschen in ordentlichen Räumen besser in der Lage sind, Versuchungen zu widerstehen und schwierige Aufgaben anzugehen. Ordnung im äußeren Umfeld scheint sich direkt auf unsere innere Ordnung und damit auf unsere Willenskraft auszuwirken.

Auf der mentalen Ebene ist das Abschließen von Aufgaben und Projekten von großer Bedeutung. Jede unerledigte Aufgabe, jedes nicht zu Ende gebrachte Projekt schafft eine Art kognitiven „Overhead", der unsere mentalen Ressourcen belastet. Das erklärt, warum wir uns oft erleichtert und energetisiert fühlen, wenn wir endlich eine lange aufgeschobene Aufgabe erledigt haben. Der Abschluss befreit mentale Energie, die dann für neue Willensakte zur Verfügung steht.

Ein praktischer Ansatz zur Nutzung dieser Erkenntnisse ist die „Zwei-Minuten-Regel": Wenn eine Aufgabe weniger als zwei Minuten in Anspruch nimmt, sollten wir sie sofort erledigen, statt sie aufzuschieben. Dies verhindert die Akkumulation kleiner, unerledigter Aufgaben, die in ihrer Summe unsere Willenskraft belasten würden. Zudem schafft jeder kleine Abschluss ein Erfolgserlebnis, das unseren Willen für größere Aufgaben stärkt.

Die Integration von Ordnungsroutinen in unseren Alltag kann ein starkes Werkzeug zur Stärkung unserer Willenskraft sein. Das kann bedeuten, dass wir jeden Abend fünf Minuten damit verbringen, unseren Arbeitsplatz aufzuräumen, oder dass wir regelmäßig „Projektrevues" durchführen, um unerledigte Angelegenheiten zu identifizieren und abzuschließen.

Ein weiterer wichtiger Aspekt der Willensbildung ist die Rolle von Ritualen und Routinen. Wenn wir bestimmte Handlungen ritualisieren, reduzieren wir den Bedarf an Willenskraft für ihre Ausführung. Ein morgendliches Ritual beispielsweise, das Meditation, Bewegung und Planung umfasst, kann uns helfen, den Tag mit einer starken Willensreserve zu beginnen.

Die Forschung zur Willensbildung hat auch gezeigt, dass unser Wille besonders dann stark ist, wenn wir eine klare Verbindung zwischen unseren Handlungen und unseren übergeordneten Lebenszielen und Werten sehen. Wenn wir verstehen, warum eine bestimmte Handlung wichtig ist und wie sie zu unserem größeren Lebensbild beiträgt, fällt es uns leichter, die nötige Willenskraft aufzubringen.

Ein praktisches Tool zur Unterstützung der Willensbildung ist das Führen eines „Willens-Tagebuchs". Darin können wir unsere Entscheidungsprozesse dokumentieren, unsere Erfolge und Herausforderungen festhalten und unsere Fortschritte reflektieren. Diese Selbstreflexion hilft uns, unsere persönlichen Muster besser zu verstehen und unsere Strategien zur Willensstärkung kontinuierlich zu verbessern.

Die Integration der Willensbildung in unseren Alltag erfordert ein tiefes Verständnis unserer persönlichen Muster und Gewohnheiten. Ein besonders interessanter Aspekt dabei ist das Konzept der „Willenskraft-Kurve" im Tagesverlauf. Die meisten Menschen haben bestimmte Tageszeiten, zu denen ihre Willenskraft besonders stark ist – typischerweise am Morgen nach ausreichend Schlaf.

Diese „Hochphasen" sollten wir gezielt für wichtige Entscheidungen und anspruchsvolle Aufgaben nutzen.

Die neurowissenschaftliche Forschung hat gezeigt, dass unser Gehirn etwa 25% seiner Energie für Willensakte und Selbstkontrolle verwendet. Diese beträchtliche Investition unterstreicht, wie wichtig es ist, unsere mentalen Ressourcen klug einzuteilen. Dabei hilft uns das Verständnis des „Ego-Depletions-Effekts": Jeder Willensakt verbraucht Energie und schwächt temporär unsere Fähigkeit zu weiteren Willensakten. Dies erklärt, warum wir nach einem Tag voller schwieriger Entscheidungen oft „willensschwach" werden.

Ein faszinierender Aspekt der Willensbildung ist die Rolle unseres „inneren Teams". Der Psychologe Friedemann Schulz von Thun beschreibt, wie verschiedene innere Stimmen oder Persönlichkeitsanteile bei Willensentscheidungen miteinander in Dialog treten. Da gibt es vielleicht den „inneren Antreiber", der uns zu Höchstleistungen anspornt, den „inneren Kritiker", der Bedenken anmeldet, und den „inneren Genießer", der lieber den leichteren Weg gehen möchte. Eine erfolgreiche Willensbildung bedeutet, diese verschiedenen Stimmen zu einer konstruktiven Zusammenarbeit zu bringen.

Die Kraft der Visualisierung spielt ebenfalls eine wichtige Rolle bei der Willensbildung. Wenn wir uns lebhaft vorstellen, wie wir unser Ziel erreichen und welche positiven Konsequenzen das haben wird, aktivieren wir neuronale Netzwerke, die uns bei der Umsetzung unterstützen. Interessanterweise hat die Forschung gezeigt, dass es dabei wichtig ist, nicht nur das Endergebnis zu visualisieren, sondern auch den Weg dorthin – einschließlich möglicher Hindernisse und deren Überwindung.

Ein weiterer wichtiger Aspekt ist das Konzept der „Implementation Intentions" oder Umsetzungsabsichten. Diese gehen über einfache Wenn-Dann-Pläne hinaus und beinhalten auch die emotionale und motivationale Vorbereitung auf Hindernisse. Ein Beispiel: „Wenn ich müde bin und keine Lust auf Sport habe, dann erinnere ich mich daran, wie gut ich mich nach dem Training immer fühle, ziehe trotzdem meine Sportkleidung an und gehe zumindest für zehn Minuten los." Diese detaillierte Vorausplanung macht es wahrscheinlicher, dass wir in kritischen Momenten tatsächlich unserem Willen folgen.

Die Bedeutung von Mikroentscheidungen für die Willensbildung wird oft unterschätzt. Jede kleine Entscheidung, die wir im Einklang mit unseren Zielen treffen, stärkt unseren Willen – ähnlich wie jede Wiederholung einer Übung einen Muskel stärkt. Das können scheinbar unbedeutende Entscheidungen sein, wie morgens sofort aufzustehen statt den Wecker zu verschieben, oder das Glas Wasser statt der Limonade zu wählen. Diese Mikroentscheidungen schaffen ein Muster des Erfolgs und stärken unser Selbstvertrauen in unsere Willensstärke.

Eine der größten Herausforderungen bei der Willensbildung ist der Umgang mit unseren emotionalen Reaktionen auf Hindernisse und Rückschläge. Neurowissenschaftliche Studien haben gezeigt, dass unser Gehirn zunächst mit einer automatischen emotionalen Reaktion auf

Hindernisse reagiert, bevor der rationale Teil unseres Gehirns eingreifen kann. Dieses Verständnis ist wichtig, weil es uns hilft zu erkennen, dass die erste emotionale Reaktion auf ein Hindernis – sei es Frustration, Angst oder Entmutigung – normal und nicht ein Zeichen von Willensschwäche ist.

Der entscheidende Moment liegt in der kurzen Pause zwischen der emotionalen Reaktion und unserer Handlung. Viktor Frankl, der bekannte Psychiater und Überlebende des Holocaust, nannte dies den „Raum zwischen Reiz und Reaktion". In diesem Raum liegt unsere Freiheit zur Entscheidung und damit die Quelle unserer Willenskraft. Je besser wir lernen, diesen Raum wahrzunehmen und zu nutzen, desto stärker wird unser Wille.

Eine praktische Technik zur Nutzung dieses Raums ist die „STOP-Methode": Wenn wir mit einer Herausforderung konfrontiert werden, halten wir kurz inne (Stop), nehmen einen tiefen Atemzug (Take a breath), beobachten unsere Reaktion (Observe) und handeln dann bewusst (Proceed). Diese einfache, aber wirkungsvolle Technik gibt uns die Möglichkeit, von der automatischen Reaktion in eine bewusste Handlung zu wechseln.

Die Rolle der Sprache in der Willensbildung verdient besondere Aufmerksamkeit. Die Art und Weise, wie wir innerlich mit uns selbst sprechen, beeinflusst maßgeblich unsere Willenskraft. Formulierungen wie „Ich muss" oder „Ich sollte" erzeugen oft inneren Widerstand, während Formulierungen wie „Ich wähle" oder „Ich entscheide mich" unseren Willen stärken. Dieser subtile Unterschied in der Sprache verändert unsere innere Haltung von Zwang zu Selbstbestimmung.

Ein weiterer wichtiger Aspekt ist die Integration von Belohnungssystemen in den Prozess der Willensbildung. Unser Gehirn reagiert stark auf Belohnungen, und wir können diesen Mechanismus nutzen, um unseren Willen zu stärken. Dabei ist es wichtig, dass die Belohnungen zeitnah erfolgen und in einem angemessenen Verhältnis zur Leistung stehen. Ein ausgeklügeltes Belohnungssystem kann dabei helfen, neue Gewohnheiten zu etablieren und schwierige Phasen zu überwinden.

Die Bedeutung von Regenerationsphasen für die Willenskraft wird oft unterschätzt. Ähnlich wie ein Muskel braucht auch unser Wille Erholungsphasen, um sich zu regenerieren. Dies bedeutet nicht nur ausreichend Schlaf, sondern auch bewusste Pausen im Tagesverlauf. Kurze Meditationen, Bewegungseinheiten oder auch einfach ein Moment der Stille können unsere Willenskraft erneuern.

Ein faszinierender Aspekt der Willensbildung ist der „Spill-over-Effekt“: Wenn wir unseren Willen in einem Bereich stärken, überträgt sich diese Stärkung oft auch auf andere Bereiche unseres Lebens. Wer beispielsweise regelmäßig Sport treibt, entwickelt oft auch in anderen Lebensbereichen mehr Disziplin. Dieser Effekt erklärt sich dadurch, dass die grundlegenden Mechanismen der Willenskraft bereichsübergreifend sind.

Die langfristige Entwicklung der Willenskraft gleicht dem Bau eines Hauses - wir brauchen ein solides Fundament, stabile Wände und ein schützendes Dach. Das Fundament bildet unser Verständnis davon, wie Willenskraft funktioniert und wie wir sie gezielt einsetzen können. Die Wände repräsentieren unsere täglichen Praktiken und Gewohnheiten, die unseren Willen stützen. Das Dach steht für die übergeordneten Strategien, die uns helfen, unsere Willenskraft auch in schwierigen Zeiten zu bewahren.

Ein besonders wichtiger Aspekt, den wir in den kommenden Kapiteln vertiefen werden, ist die Verbindung zwischen unserem Willen und unseren persönlichen Werten. Wenn unsere Ziele mit unseren tiefsten Überzeugungen im Einklang stehen, fällt es uns leichter, die nötige Willenskraft aufzubringen. Wir werden lernen, wie wir diese Wertearbeit praktisch gestalten können und wie sie uns hilft, nachhaltige Motivation zu entwickeln.

Im nächsten Kapitel werden wir uns damit beschäftigen, wie wir unsere Umgebung so gestalten können, dass sie unseren Willen unterstützt, statt ihn zu schwächen. Dies umfasst sowohl die physische Umgebung - wie die Gestaltung unseres Arbeitsplatzes oder unserer Wohnung - als auch unser soziales Umfeld. Wir werden konkrete Strategien kennenlernen, wie wir „Willenskraft-freundliche" Umgebungen schaffen können.

Darauf aufbauend werden wir uns mit der Rolle von Gewohnheiten und Routinen beschäftigen. Hier liegt ein Schlüssel zur nachhaltigen Willensstärke: Je mehr positive Gewohnheiten wir entwickeln, desto weniger müssen wir uns auf reine Willenskraft verlassen. Wir werden detailliert untersuchen, wie wir neue Gewohnheiten etablieren können und wie wir alte, hinderliche Gewohnheiten erfolgreich verändern können.

Lassen Sie uns zum nächsten Kapitel übergehen, in dem wir uns mit der konkreten Umsetzung dieser Erkenntnisse im Alltag beschäftigen werden. Dabei werden wir besonders darauf achten, wie wir die verschiedenen Elemente der Willensbildung zu einem kohärenten Ganzen verbinden können.

Klare Ziele und Visionen

Der Kompass für deinen Willen

Stellen Sie sich vor, Sie steigen in ein Auto und fahren los – ohne zu wissen, wohin Sie wollen. Wie wahrscheinlich ist es, dass Sie an einem sinnvollen Ziel ankommen? Genauso verhält es sich mit unserer Willenskraft. Ohne klare Ziele und Visionen ist sie wie ein kraftvoller Motor ohne Steuerung.

Die Bedeutung klarer Ziele für unsere Willenskraft lässt sich neuropsychologisch erklären. Unser Gehirn verfügt über ein sogenanntes „Aktivierendes System", das bei der Wahrnehmung attraktiver Ziele aktiviert wird. Dieses System setzt Neurotransmitter wie Dopamin frei, die uns motivieren und unsere Willenskraft stärken. Je klarer und konkreter unsere Ziele sind, desto stärker ist diese neurologische Aktivierung.

Die Wissenschaft der effektiven Zielsetzung hat verschiedene Methoden hervorgebracht, die uns helfen können, unsere Ziele so zu formulieren, dass sie unsere Willenskraft optimal unterstützen. Eine der bekanntesten ist die SMART-Methode. SMART steht für:

Spezifisch: Ein Ziel muss konkret und eindeutig sein. Statt „Ich will gesünder leben" wäre ein spezifisches Ziel „Ich will jeden Morgen 30 Minuten joggen".

Messbar: Wir brauchen klare Kriterien, an denen wir unseren Fortschritt messen können. Messbare Ziele geben unserem Willen konkrete Anhaltspunkte.

Attraktiv: Das Ziel muss für uns persönlich bedeutsam und erstrebenswert sein. Je stärker die emotionale Verbindung zu unserem Ziel ist, desto mehr Willenskraft können wir dafür mobilisieren.

Realistisch: Überforderung schwächt unseren Willen. Ein realistisches Ziel fordert uns heraus, ohne uns zu überfordern.

Terminiert: Ein zeitlicher Rahmen gibt unserem Willen Struktur und Dringlichkeit.

Über die SMART-Methode hinaus ist das Konzept der Zielhierarchien von großer Bedeutung. Dabei unterscheiden wir zwischen übergeordneten Visionen (zum Beispiel „Ein erfülltes, gesundes Leben führen"), mittelfristigen Zielen („In diesem Jahr einen Marathon laufen") und konkreten Handlungszielen („Diese Woche dreimal joggen gehen"). Diese Hierarchie hilft uns, unseren Willen sowohl auf die großen Visionen als auch auf die konkreten nächsten Schritte auszurichten.

Ein besonders wirksames Instrument zur Zielvisualisierung ist das Visionboard. Dabei handelt es sich um eine visuelle Darstellung unserer Ziele und Träume, die wir durch Bilder, Worte und Symbole gestalten. Die Wirksamkeit von Vision Boards basiert auf der Tatsache, dass unser Gehirn stark auf visuelle Reize reagiert. Wenn wir unsere Ziele visuell vor uns sehen, aktiviert dies nicht nur unsere Motivation, sondern stärkt auch unseren Willen zur Umsetzung.

Die Verbindung unserer Ziele zu unseren persönlichen Werten ist ein weiterer Schlüsselfaktor für nachhaltige Willenskraft. Wenn unsere Ziele mit unseren tiefsten Überzeugungen und Werten im Einklang stehen, aktivieren sie zusätzliche Motivationsquellen. Ein Ziel, das nur oberflächlich attraktiv ist, aber nicht mit unseren Werten übereinstimmt, wird langfristig nicht genug Willenskraft mobilisieren können.

Die praktische Umsetzung unserer Zielarbeit beginnt mit einer grundlegenden Übung zur Lebensvision. Nehmen Sie sich einen ruhigen Moment und stellen Sie sich vor, Sie begegnen sich selbst in fünf Jahren. Wie sieht Ihr Leben aus? Was haben Sie erreicht? Welche Aspekte Ihres Lebens erfüllen Sie mit besonderem Stolz? Diese Zukunftsvision bildet den Rahmen für Ihre konkreteren Ziele.

Die Erstellung eines Visionboards ist ein kreativer und kraftvoller Prozess. Beginnen Sie damit, Zeitschriften, Fotos und andere visuelle Materialien zu sammeln, die Ihre Ziele und Träume repräsentieren. Wichtig ist dabei, dass die ausgewählten Bilder eine emotionale Resonanz in Ihnen auslösen. Ein Bild von einem Strand ist nur dann wirkungsvoll, wenn es tatsächlich Ihre persönliche Vision von Freiheit oder Entspannung verkörpert.

Bei der Gestaltung Ihres Visionboards achten Sie auf verschiedene Lebensbereiche:

Berufliche Entwicklung und Karriere
Gesundheit und körperliches Wohlbefinden
Beziehungen und soziales Leben
Persönliches Wachstum und Bildung
Materielle Ziele und Lebensstandard
Spiritualität und Sinnfindung

Die Platzierung des Visionboards ist entscheidend für seine Wirksamkeit. Wählen Sie einen Ort, an dem Sie es täglich sehen – vielleicht neben Ihrem Bett oder an Ihrem Arbeitsplatz. Die regelmäßige visuelle Erinnerung an Ihre Ziele stärkt Ihren Willen unterschwellig aber kontinuierlich.

Für die konkrete Zieldefinition in verschiedenen Lebensbereichen nutzen wir eine strukturierte Vorgehensweise. Beginnen Sie mit einer Bestandsaufnahme: Wo stehen Sie jetzt? Was möchten Sie verändern oder erreichen? Formulieren Sie dann für jeden wichtigen Lebensbereich mindestens ein konkretes Ziel nach der SMART-Methode. Ein besonders wichtiger Aspekt ist die Überprüfung der Zielkonflikte. Manchmal stehen unsere verschiedenen Ziele in Konflikt miteinander – zum Beispiel der Wunsch nach beruflichem Erfolg und mehr Zeit für die Familie. Diese Konflikte frühzeitig zu erkennen und zu adressieren ist entscheidend für die nachhaltige Willenskraft.

Die Entwicklung von Meilensteinen hilft uns, den Weg zum Ziel in überschaubare Etappen zu unterteilen. Für jedes größere Ziel sollten Sie drei bis fünf Meilensteine definieren. Diese Zwischenziele geben uns das befriedigende Gefühl von Fortschritt und stärken damit unseren Willen zur Weiterverfolgung des Hauptziels.

Eine praktische Übung zur Zielverankerung ist das „Ziel-Tagebuch". Schreiben Sie jeden Morgen Ihr wichtigstes Ziel auf und visualisieren Sie für einige Minuten, wie Sie es erreichen. Diese tägliche Praxis schärft Ihren Fokus und stärkt die neuronalen Verbindungen, die mit Ihrem Ziel assoziiert sind.

Die regelmäßige Überprüfung und Anpassung Ihrer Ziele ist ebenfalls von großer Bedeutung. Planen Sie alle drei Monate eine „Ziel-Revision" ein. Fragen Sie sich: Sind meine Ziele noch aktuell? Habe ich mich verändert? Müssen die Ziele angepasst werden? Diese Flexibilität in der Zielarbeit verhindert, dass wir Willenskraft für Ziele aufwenden, die nicht mehr zu uns passen.

Eine besonders wirksame Technik zur Zielvisualisierung ist die „mentale Filmtechnik". Setzen Sie sich dafür in eine entspannte Position, schließen Sie die Augen und stellen Sie sich Ihren Weg zum Ziel wie einen Film vor. Beginnen Sie mit dem Ist-Zustand und lassen Sie dann Szene für Szene ablaufen, wie Sie Ihr Ziel erreichen. Wichtig dabei ist, dass Sie alle Sinne einbeziehen: Was sehen Sie? Was hören Sie? Wie fühlt es sich an? Diese multimodale Visualisierung aktiviert verschiedene Gehirnareale und verstärkt die neurologische Verankerung Ihres Ziels.

Die „Brief aus der Zukunft"-Methode ist eine weitere kraftvolle Übung zur Zielkonkretisierung. Schreiben Sie sich selbst einen Brief aus der Perspektive Ihres zukünftigen Ichs, das sein Ziel bereits erreicht hat. Beschreiben Sie detailliert, wie Sie es geschafft haben, welche Hindernisse Sie überwunden haben und wie sich das Erreichen des Ziels anfühlt. Diese Übung hilft nicht nur bei der Visualisierung des Ziels, sondern gibt auch wertvolle Hinweise auf mögliche Hindernisse und Lösungsstrategien.

Ein weiteres praktisches Werkzeug ist die „Ziel-Pyramide". Zeichnen Sie eine Pyramide mit drei Ebenen. Auf der obersten Ebene steht Ihre langfristige Vision, auf der mittleren Ebene stehen die mittelfristigen Ziele für das nächste Jahr, und auf der untersten Ebene notieren Sie die konkreten Schritte für die nächsten drei Monate. Diese visuelle Darstellung hilft Ihnen, den Zusammenhang zwischen Ihren täglichen Handlungen und Ihren übergeordneten Zielen zu erkennen.

Die „Wertekompass-Übung" dient dazu, Ihre Ziele mit Ihren persönlichen Werten abzugleichen. Listen Sie zunächst Ihre wichtigsten Werte auf – zum Beispiel Familie, Gesundheit, persönliches Wachstum oder Kreativität. Überprüfen Sie dann jedes Ihrer Ziele: Wie stark unterstützt es diese Werte auf einer Skala von 1 bis 10? Ziele, die eng mit Ihren Kernwerten verbunden sind, werden automatisch mehr Willenskraft mobilisieren.

Eine häufig übersehene Komponente der Zielarbeit ist die emotionale Verankerung. Entwickeln Sie für jedes wichtige Ziel einen persönlichen „Kraftsatz" – eine kurze, positive Affirmation, die die emotionale Essenz Ihres Ziels einfängt. Dieser Satz sollte in der Gegenwart formuliert sein und eine starke gefühlsmäßige Resonanz auslösen. Sprechen Sie diesen Satz jeden Morgen laut aus und spüren Sie dabei die damit verbundenen Emotionen.

Intrinsische Motivation und Sinnfindung

Das innere Feuer entfachen

Die stärkste Quelle der Willenskraft liegt nicht in äußeren Anreizen, sondern in unserer inneren Motivation. Stellen Sie sich zwei Menschen vor, die das gleiche Ziel verfolgen - etwa das Erlernen eines Musikinstruments. Der Erste übt, weil seine Eltern es erwarten und er Anerkennung sucht. Der Zweite übt, weil ihn die Musik selbst begeistert und er die Freude am Spielen spürt. Wer von beiden wird langfristig mehr Willenskraft aufbringen können? Die Antwort liegt auf der Hand: Die intrinsische Motivation des zweiten Musikers wird ihm helfen, auch schwierige Phasen zu überstehen.

Intrinsische Motivation entsteht, wenn wir etwas um seiner selbst willen tun, weil es uns erfüllt, interessiert oder begeistert. Im Gegensatz dazu steht die extrinsische Motivation, die sich aus äußeren Belohnungen oder Drucksituationen speist. Während extrinsische Motivation durchaus kurzfristig wirksam sein kann, zeigt die Forschung eindeutig: Für langfristige Zielverfolgung und nachhaltige Willenskraft ist intrinsische Motivation unerlässlich.

Die Selbstbestimmungstheorie von Deci und Ryan, eine der einflussreichsten Motivationstheorien, identifiziert drei grundlegende psychologische Bedürfnisse, die für intrinsische Motivation zentral sind:

Autonomie: Das Gefühl, selbstbestimmt zu handeln und eigene Entscheidungen zu treffen.

Kompetenz: Das Erleben von Wachstum und die Erfahrung, wirksam zu sein.

Verbundenheit: Das Gefühl, mit anderen Menschen und höheren Zielen verbunden zu sein.

Die Erfüllung dieser Bedürfnisse ist der Schlüssel zur Entwicklung und Aufrechterhaltung intrinsischer Motivation. Wenn wir unsere Ziele so gestalten, dass sie diese Bedürfnisse ansprechen, stärken wir automatisch unseren Willen zur Zielverfolgung.

Ein besonders wirksamer Weg zur Stärkung intrinsischer Motivation ist die bewusste Verbindung unserer Ziele mit unserem persönlichen Sinn. Der österreichische Psychiater Viktor Frankl prägte den Begriff der „Sinnfindung" und zeigte, dass Menschen außergewöhnliche Willenskraft entwickeln können, wenn sie einen tieferen Sinn in ihrem Handeln erkennen. Die Frage nach dem „Warum" unseres Handelns ist dabei oft wichtiger als die Frage nach dem „Wie".

Die Entwicklung intrinsischer Motivation beginnt mit der Erforschung unserer persönlichen Interessen und Leidenschaften. Eine bewährte Methode hierzu ist das „Flow-Tagebuch". Beobachten Sie über einen Zeitraum von zwei Wochen, bei welchen Tätigkeiten Sie völlig in der Aktivität aufgehen und die Zeit vergessen. Diese Flow-Erlebnisse sind wichtige Hinweise auf Bereiche intrinsischer Motivation.

Die Wertearbeit spielt eine zentrale Rolle bei der Entwicklung nachhaltiger Motivation. Ein effektives Werkzeug hierfür ist die „Werte-Exploration". Denken Sie an Situationen in Ihrem Leben, die Sie als besonders bedeutsam empfunden haben. Was war Ihnen in diesen Momenten wichtig? Welche Werte haben diese Situationen verkörpert? Aus diesen Erinnerungen kristallisieren sich oft unsere Kernwerte heraus, die als Kompass für intrinsisch motivierte Ziele dienen können.

Ein weiterer wichtiger Aspekt ist die Kultivierung von Neugierde und Experimentierfreude. Unser Gehirn ist von Natur aus darauf ausgelegt, Neues zu entdecken und zu lernen. Diese natürliche Neugier ist eine kraftvolle Quelle intrinsischer Motivation. Entwickeln Sie eine „Entdecker-Haltung" gegenüber Ihren Zielen: Welche neuen Aspekte gibt es zu entdecken? Welche interessanten Zusammenhänge können Sie erforschen?

Die „Sinn-Matrix" ist ein praktisches Instrument zur Verknüpfung unserer Ziele mit tieferem Sinn. Zeichnen Sie eine Matrix mit vier Feldern: persönliche Entwicklung, Beitrag für andere, Verbindung mit größeren Zielen und Vermächtnis. Für jedes Ihrer Ziele überlegen Sie, wie es in diese verschiedenen Sinn-Dimensionen einzahlt. Je mehr Dimensionen ein Ziel anspricht, desto stärker wird Ihre intrinsische Motivation sein.

Die Entwicklung von Meisterschaft ist ein weiterer wichtiger Motivator. Wenn wir spüren, dass wir in einem Bereich wachsen und besser werden, stärkt das unsere intrinsische Motivation. Führen Sie ein „Fortschritts-Journal", in dem Sie auch kleine Verbesserungen und Lernerfolge festhalten. Diese sichtbaren Fortschritte nähren das Gefühl von Kompetenz und Selbstwirksamkeit.

Ein oft übersehener Aspekt intrinsischer Motivation ist die soziale Dimension. Suchen Sie sich Gleichgesinnte, die ähnliche Ziele verfolgen. Der Austausch mit anderen, die unsere Begeisterung teilen, kann unsere eigene intrinsische Motivation erheblich stärken. Dies erklärt auch, warum Lerngruppen oder Interessengemeinschaften oft so motivierend wirken.

Die „Sinn-Fragen" sind ein weiteres kraftvolles Werkzeug zur Vertiefung intrinsischer Motivation:

Wem nützt es, wenn ich dieses Ziel erreiche?
Welchen Beitrag leiste ich damit zur Welt?

Was würde fehlen, wenn ich es nicht tue?
Welche größere Geschichte ist Teil meines Handelns?

Die wahre Kraft intrinsischer Motivation zeigt sich besonders in Momenten, in denen wir auf Widerstände stoßen. Eine häufige Motivationsblockade entsteht durch zu hohe Selbsterwartungen. Die „Kleine-Schritte-Methode" kann hier Abhilfe schaffen: Unterteilen Sie Ihre Aktivitäten in so kleine Einheiten, dass sie mühelos erscheinen. Möchten Sie beispielsweise regelmäßig schreiben, beginnen Sie mit nur fünf Minuten täglich. Diese kleinen Erfolge erzeugen positive Gefühle, die Ihre intrinsische Motivation nähren.

Eine weitere wirksame Technik zur Überwindung von Motivationsblockaden ist die „Freude-zuerst-Strategie". Anstatt sich auf die schwierigen Aspekte einer Aufgabe zu konzentrieren, beginnen Sie mit den Teilen, die Ihnen am meisten Freude bereiten. Ein Künstler könnte beispielsweise mit seinen Lieblingsfarben oder -motiven beginnen, bevor er sich den technisch anspruchsvolleren Aspekten widmet. Diese Herangehensweise aktiviert sofort positive Emotionen und stärkt die intrinsische Motivation.

Die „Ressourcen-Exploration" ist eine kraftvolle Übung zur Wiederbelebung verlorener Motivation. Erinnern Sie sich an Situationen, in denen Sie hochmotiviert waren. Welche inneren und äußeren Ressourcen haben damals Ihre Motivation gestärkt? Oft entdecken wir dabei vergessene Motivationsquellen, die wir reaktivieren können.

Vielleicht war es die inspirierende Umgebung in der Natur, der Austausch mit bestimmten Menschen oder das Gefühl, etwas Bedeutsames zu erschaffen.

Ein häufiges Hindernis für intrinsische Motivation ist die Gewohnheit, sich mit anderen zu vergleichen. Die „Persönliche-Bestleistungs-Methode" hilft, den Fokus wieder nach innen zu richten. Führen Sie ein Tagebuch Ihrer persönlichen Fortschritte, unabhängig von den Leistungen anderer. Dokumentieren Sie dabei nicht nur die messbaren Erfolge, sondern auch qualitative Aspekte wie gewonnene Erkenntnisse oder überwundene Hindernisse.

Die „Sinn-Anker-Technik" hilft, die Verbindung zu unserer intrinsischen Motivation auch in schwierigen Phasen aufrechtzuerhalten. Formulieren Sie für jedes wichtige Ziel einen persönlichen Sinn-Anker – einen Satz, der die tiefere Bedeutung Ihres Handelns ausdrückt. Dieser Anker sollte emotional berührend und persönlich bedeutsam sein. In Momenten der Motivationsschwäche können Sie sich an diesem Anker festhalten und Ihre ursprüngliche Begeisterung wiederbeleben.

Die Kraft der Neugierde ist einer der stärksten natürlichen Motivatoren, den wir besitzen. Unser Gehirn ist evolutionär darauf ausgerichtet, Neues zu entdecken und zu lernen. Diese angeborene Neugier können wir gezielt nutzen, um unsere intrinsische Motivation zu stärken. Neurowissenschaftliche Studien zeigen, dass die Ausschüttung von Dopamin - einem wichtigen Motivations-

Neurotransmitter - besonders hoch ist, wenn wir etwas Neues entdecken oder lernen.

Die „Entdeckerreise-Methode" ist ein wirksamer Ansatz, um diese natürliche Neugierde zu aktivieren. Anstatt ein Ziel als eine zu bewältigende Aufgabe zu betrachten, gestalten Sie es als Forschungsreise. Wenn Sie beispielsweise eine neue Sprache lernen, erkunden Sie nicht nur die Vokabeln und Grammatik, sondern tauchen Sie ein in die Kultur, die Geschichte und die Besonderheiten der Sprache. Stellen Sie sich Fragen wie: Welche interessanten Redewendungen gibt es? Wie spiegelt die Sprache das Denken ihrer Sprecher wider? Was macht diese Sprache einzigartig?

Das spielerische Lernen ist eng mit unserer intrinsischen Motivation verbunden. Wenn wir einen spielerischen Zugang zu unseren Zielen finden, aktivieren wir dieselben Gehirnregionen, die auch bei Kindern beim begeisterten Lernen aktiv sind. Die „Spieldesign-Technik" hilft dabei, selbst scheinbar trockene Aufgaben in spannende Herausforderungen zu verwandeln. Überlegen Sie: Wie könnte ich diese Aufgabe als Spiel gestalten? Welche Elemente von Spielen - wie Levels, Herausforderungen, Belohnungen - könnte ich einbauen?

Ein weiterer wichtiger Aspekt ist die „Perspektivenwechsel-Methode". Dabei betrachten wir unsere Ziele aus verschiedenen Blickwinkeln. Ein Geschäftsführer, der seine Präsentationsfähigkeiten verbessern möchte, könnte dies nicht nur als Kommunikationsaufgabe sehen, sondern auch als Geschichtenerzählen, als psychologische Herausforderung oder als Form der Kunst. Jede neue Perspektive eröffnet neue Aspekte, die unsere Neugierde wecken und die intrinsische Motivation stärken.

Die Integration von kreativen Elementen in unsere Zielverfolgung kann die intrinsische Motivation erheblich steigern. Die „Kreative-Dokumentation-Methode" regt dazu an, den eigenen Fortschritt auf ungewöhnliche Weise festzuhalten - etwa durch Zeichnungen, Collagen oder kurze Videos. Diese kreative Auseinandersetzung macht den Lernprozess persönlicher und interessanter.

Die Integration unserer Erkenntnisse über Neugierde und spielerisches Lernen in ein nachhaltiges Motivationssystem erfordert eine systematische Herangehensweise. Der Schlüssel liegt darin, unsere natürlichen Lernmechanismen mit bewusst gestalteten Strukturen zu verbinden. Dies ermöglicht uns, auch in herausfordernden Phasen unsere intrinsische Motivation aufrechtzuerhalten.

Das „Motivations-Ökosystem" ist ein Konzept, das verschiedene Motivationsquellen in einem sich selbst verstärkenden System vereint. Es basiert auf dem Verständnis, dass nachhaltige Motivation aus dem Zusammenspiel mehrerer Faktoren entsteht. Stellen Sie sich vor, Sie kultivieren einen Garten: Verschiedene Pflanzen gedeihen zu unterschiedlichen Zeiten und unterstützen sich gegenseitig. Genauso funktioniert unser Motivations-Ökosystem.

Ein wesentlicher Bestandteil dieses Systems ist der „Lern-Rhythmus". Ähnlich wie in der Natur Aktivitäts- und Ruhephasen einander abwechseln, braucht auch unsere intrinsische Motivation einen ausgewogenen Rhythmus. Intensive Lernphasen sollten sich mit Perioden der Reflexion und Integration abwechseln. Dies verhindert Übersättigung und erhält unsere natürliche Neugierde.

Die „Entdeckungs-Spirale" ist ein weiteres wichtiges Element unseres Motivationssystems. Jede neue Erkenntnis oder Fähigkeit öffnet Türen zu weiteren interessanten Aspekten unseres Lerngebiets. Dokumentieren Sie diese neuen Entdeckungen in einem „Neugierde-Tagebuch". Dies schafft eine sich selbst verstärkende Dynamik der Motivation: Neue Entdeckungen wecken weitere Neugierde, die wiederum zu neuen Entdeckungen führt.

Ein oft unterschätzter Aspekt nachhaltiger Motivation ist die „emotionale Resonanz". Unsere intrinsische Motivation wird stärker, wenn wir eine emotionale Verbindung zu unserem Lerngebiet aufbauen. Dies können wir durch persönliche Geschichten, bedeutsame Erfahrungen oder inspirierende Begegnungen mit Menschen in unserem Interessensgebiet erreichen. Diese emotionalen Anker geben unserer Motivation Tiefe und Beständigkeit.

Das „Kompetenz-Feedback-System" ist ein weiterer Baustein unseres Motivations-Ökosystems. Dabei geht es darum, regelmäßige und konkrete Rückmeldungen über unseren Fortschritt zu erhalten. Dies können objektive Messungen sein, aber auch subjektive Einschätzungen unseres Kompetenzzuwachses. Das Gefühl des Fortschritts ist ein starker intrinsischer Motivator.

Die erfolgreiche Implementierung eines nachhaltigen Motivationssystems beginnt mit der Schaffung einer unterstützenden Tagesstruktur. Diese Struktur sollte flexibel genug sein, um sich unserem natürlichen Rhythmus anzupassen, aber gleichzeitig stabil genug, um Kontinuität zu gewährleisten. Der erste Schritt ist die Einrichtung fester „Motivations-Ankerpunkte" im Tagesablauf. Dies sind kurze, aber regelmäßige Zeitfenster, in denen wir uns bewusst mit unseren Zielen und unserer Motivation verbinden.

Ein bewährter Ansatz ist die „Morgen-Momentum-Routine". In den ersten 15-20 Minuten des Tages aktivieren wir systematisch unsere intrinsische Motivation. Dies beginnt mit einem kurzen Moment der Stille, in dem wir uns an unseren tieferen Sinn erinnern. Anschließend lesen wir in unserem Neugierde-Tagebuch und fügen neue Fragen oder Erkenntnisse hinzu. Den Abschluss bildet eine kurze Visualisierung unseres nächsten Lernschritts.

Die Integration von Lernaktivitäten in den Alltag erfolgt durch das „Mikrolernen-Prinzip". Statt langer, isolierter Lernblöcke schaffen wir über den Tag verteilt kleine Lernmomente von 5-10 Minuten. Diese kurzen Einheiten halten unsere Neugierde wach und verhindern Übersättigung. Sie können so einfach sein wie das Lesen eines inspirierenden Zitats, das Üben einer neuen Fähigkeit oder das Reflektieren über eine interessante Frage.

Ein wichtiges Element ist das „Wochenreview-Ritual". Jeden Sonntag nehmen wir uns 30 Minuten Zeit, um unsere Motivationsdynamik der vergangenen Woche zu reflektieren. Wir überprüfen unsere Fortschritte, identifizieren neue Interessensgebiete und passen unser System bei Bedarf an. Dabei helfen uns folgende Leitfragen:

Welche Momente haben mich besonders begeistert?
Wo habe ich neue Verbindungen oder Einsichten entdeckt?
Was hat meine Motivation gestärkt oder geschwächt?
Welche neuen Fragen sind aufgetaucht?

Die „Kompetenz-Kartierung" ist ein weiteres praktisches Werkzeug. Wir erstellen eine visuelle Darstellung unseres Lerngebiets, ähnlich einer Landkarte. Darauf markieren wir bereits erkundete Bereiche, aktuelle Lernzonen und interessante, noch unerforschte Gebiete. Diese Karte hilft uns, unseren Fortschritt zu visualisieren und neue Erkundungsrichtungen zu identifizieren.

Ein besonders wichtiger Aspekt ist die Schaffung eines „Resonanzraums" für unsere Motivation. Dies kann ein physischer Ort sein, den wir mit unserem Lernen und unserer Begeisterung verbinden, oder auch ein digitaler Raum, in dem wir unsere Erkenntnisse sammeln und reflektieren. Dieser Raum sollte regelmäßig mit neuen Inspirationen, Fragen und Entdeckungen „gefüttert" werden.

Selbstbewusstsein und Selbstreflexion

Sich selbst besser verstehen

Ein starker Wille braucht als Fundament ein tiefes Verständnis unserer selbst. Wie ein Kapitän sein Schiff kennen muss, um es sicher durch stürmische See zu steuern, müssen wir unsere eigenen Stärken, Schwächen, Werte und Verhaltensmuster verstehen, um unseren Willen effektiv einsetzen zu können.

Selbstkenntnis beginnt mit der bewussten Wahrnehmung unserer Gedanken, Gefühle und Handlungsmuster. Die neurowissenschaftliche Forschung zeigt, dass Menschen mit ausgeprägter Selbstwahrnehmung den präfrontalen Cortex, jenen Bereich des Gehirns, der für Selbstregulation und Willenskraft zuständig ist, effektiver nutzen können. Sie erkennen früher, wenn ihre Willenskraft nachlässt, und können rechtzeitig gegensteuern.

Die Entwicklung von Selbstkenntnis ist ein kontinuierlicher Prozess, der verschiedene Ebenen umfasst:

Die kognitive Ebene: Unsere Denkmuster, Überzeugungen und mentalen Gewohnheiten

Die emotionale Ebene: Unsere Gefühlswelt, emotionalen Reaktionen und Bedürfnisse

Die Verhaltensebene: Unsere Handlungsmuster, Gewohnheiten und automatischen Reaktionen

Die Werteebene: Unsere tiefsten Überzeugungen und Prinzipien

Eine der wirksamsten Methoden zur Entwicklung von Selbstkenntnis ist das strukturierte Journaling. Anders als ein gewöhnliches Tagebuch folgt das Selbstreflexions-Journal bestimmten Leitfragen, die uns helfen, tiefer in unser Inneres zu blicken. Ein bewährtes Format ist die „Drei-Ebenen-Reflexion":

Erste Ebene - Beobachtung: Hier beschreiben wir eine konkrete Situation, in der unsere Willenskraft gefordert war. Was ist genau passiert? Wie haben wir reagiert? Diese sachliche Beschreibung schafft die Grundlage für tiefere Einsichten.

Zweite Ebene - Analyse: Auf dieser Ebene untersuchen wir unsere inneren Reaktionen. Welche Gedanken kamen auf? Welche Gefühle wurden ausgelöst? Welche Impulse spürten wir? Besonders aufschlussreich ist oft der Moment, kurz bevor unsere Willenskraft nachgab oder sich bewährte.

Dritte Ebene - Erkenntnis: Hier suchen wir nach Mustern und tieferen Zusammenhängen. Erinnert uns die Situation an frühere Erfahrungen? Welche unserer Grundüberzeugungen wurden aktiviert? Was sagt diese Situation über unsere Werte und Bedürfnisse aus?

Die „Stärken-Schwächen-Analyse" gewinnt durch eine neue Perspektive besondere Tiefe. Statt Stärken und Schwächen als fest gegeben zu betrachten, untersuchen wir sie als dynamische Eigenschaften. Eine vermeintliche

Schwäche wie „Ich kann schlecht Nein sagen" enthält oft eine verborgene Stärke - in diesem Fall vielleicht ein ausgeprägtes Einfühlungsvermögen. Diese differenzierte Betrachtung hilft uns, unsere Willenskraft gezielter einzusetzen.

Ein weiteres kraftvolles Werkzeug ist die „Werte-Kompass-Übung". Hier geht es darum, unsere Kernwerte nicht nur intellektuell zu erfassen, sondern sie in konkreten Lebenssituationen zu erkennen. Wann fühlen wir uns im Einklang mit unseren Werten? Wann entstehen innere Konflikte? Diese Analyse hilft, uns zu verstehen, warum unsere Willenskraft in manchen Situationen besonders stark oder schwach ist.

Die Entwicklung emotionaler Intelligenz spielt eine Schlüsselrolle bei der Selbstkenntnis. Die „Emotions-Tracking-Methode" hilft uns, die Verbindung zwischen unseren Gefühlen und unserer Willenskraft zu verstehen. Über den Tag verteilt notieren wir kurz unsere emotionale Verfassung und unsere Willensstärke. Mit der Zeit erkennen wir Muster: Welche Emotionen stärken unseren Willen? Welche schwächen ihn?

Der Umgang mit Selbstzweifeln und negativen Glaubenssätzen ist entscheidend für die Entwicklung eines starken Willens. Selbstzweifel sind wie ein innerer Saboteur, der unsere Willenskraft untergräbt, noch bevor wir sie einsetzen können. Die Erkenntnis, dass Selbstzweifel normale Begleiterscheinungen persönlichen Wachstums sind, ist der erste Schritt zu einem konstruktiven Umgang mit ihnen.

Negative Glaubenssätze wie „Ich schaffe das sowieso nicht" oder „Ich bin nicht stark genug" haben oft eine lange Geschichte. Sie entstehen aus früheren Erfahrungen und verfestigen sich durch wiederholtes Denken. Um diese hinderlichen Überzeugungen zu transformieren, müssen wir sie zunächst als das Erkennen, was sie sind: gelernte Denkmuster, keine unveränderlichen Wahrheiten.

Die Entwicklung eines positiven Selbstbildes beginnt mit der bewussten Wahrnehmung unserer Erfolge und Fortschritte, auch wenn sie noch so klein erscheinen. Ein „Erfolgs-Journal" hilft uns dabei, täglich drei Dinge zu notieren, die wir gut gemeistert haben. Diese systematische Dokumentation unserer Erfolge schafft ein Gegengewicht zu unserer natürlichen Tendenz, uns auf Misserfolge zu fokussieren.

Die Stärken-Schwächen-Analyse beginnt mit einer besonderen Herangehensweise: Statt einfach Listen zu erstellen, entwickeln wir ein „Stärken-Profil". Nehmen Sie sich einen ruhigen Moment und denken Sie an Situationen, in denen Sie besonders erfolgreich waren. Was genau hat zu diesem Erfolg geführt? Welche Ihrer Eigenschaften waren dabei besonders hilfreich? Achten Sie besonders auf wiederkehrende Muster in verschiedenen Erfolgssituationen.

Eine besonders wirksame Übung zur Selbstreflexion ist die „Tagesrückschau-Methode". Nehmen Sie sich jeden

Abend fünf Minuten Zeit und beantworten Sie folgende Fragen:

In welchen Momenten war mein Wille heute besonders stark?
Was hat mir in diesen Momenten Kraft gegeben?
Wann fühlte ich mich heute besonders authentisch und im Einklang mit mir selbst?

Diese systematische Reflexion hilft uns, die Verbindung zwischen unserem Selbstverständnis und unserer Willenskraft zu erkennen und zu stärken.

Die „Ressourcen-Aktivierung" ist eine weitere wichtige Übung zur Stärkung des Selbstbildes. Erstellen Sie eine persönliche Ressourcenkartei: Sammeln Sie Erinnerungen an Momente, in denen Sie Herausforderungen gemeistert haben, positive Rückmeldungen von anderen, Zeugnisse Ihrer Fähigkeiten und Erfolge. Diese Sammlung dient als konkreter Beweis Ihrer Stärken und kann in Momenten des Zweifels als „Kraft-Anker" dienen.

Die „Feedback-Integration" ist ein wesentlicher Bestandteil der Selbsterkenntnis. Bitten Sie Menschen, denen Sie vertrauen, um spezifisches Feedback zu Ihren Stärken. Wichtig dabei ist die Frage: „In welchen Situationen erleben Sie mich als besonders willensstark?" Die Außenperspektive ergänzt unsere Selbstwahrnehmung oft um wichtige Aspekte, die wir selbst nicht sehen.

Eine zentrale Übung zur positiven Selbstwahrnehmung ist das „Entwicklungs-Timeline". Zeichnen Sie eine Zeitlinie

Ihrer persönlichen Entwicklung der letzten Jahre. Markieren Sie darauf wichtige Meilensteine, überwundene Hindernisse und erreichte Ziele. Diese visuelle Darstellung macht Ihren Wachstumsprozess sichtbar und stärkt das Vertrauen in Ihre Entwicklungsfähigkeit.

Die „Werte-Kompass-Übung" hilft uns, unsere Handlungen mit unseren tiefsten Überzeugungen in Einklang zu bringen. Identifizieren Sie Ihre fünf wichtigsten Werte und beschreiben Sie für jeden Wert, wie Sie ihn konkret in Ihrem Leben umsetzen. Diese Klarheit über unsere Werte gibt unserem Willen eine klare Richtung und macht ihn widerstandsfähiger gegen äußere Einflüsse.

Gewohnheitsbildung und Routinen

Willenskraft im Alltag schonen

Stellen Sie sich Ihre Willenskraft wie eine Batterie vor, die jeden Tag nur eine begrenzte Menge Energie zur Verfügung stellt. Jede bewusste Entscheidung, jeder Akt der Selbstkontrolle verbraucht einen Teil dieser wertvollen Ressource. Gewohnheiten und Routinen sind wie ein Energiesparmodus für unseren Willen – sie automatisieren wichtige Verhaltensweisen und bewahren unsere Willenskraft für die wirklich wichtigen Entscheidungen.

Die Wissenschaft der Gewohnheitsbildung hat in den letzten Jahren faszinierende Einblicke in die Funktionsweise unseres Verhaltens geliefert. Jede Gewohnheit folgt einem vorhersagbaren Muster, dem sogenannten Gewohnheitskreislauf. Dieser besteht aus vier Elementen:

Der Auslöser: Ein spezifischer Reiz, der die Gewohnheit in Gang setzt. Dies kann eine bestimmte Tageszeit sein, ein Ort, eine Emotion oder eine vorausgehende Handlung.

Das Verlangen: Der motivationale Impuls, der uns zur Handlung antreibt. Hinter jeder Gewohnheit steht ein Bedürfnis, das wir befriedigen wollen.

Die Routine: Die eigentliche Handlung, die wir ausführen. Diese kann einfach oder komplex sein, wichtig ist ihre Regelmäßigkeit.

Die Belohnung: Die positive Konsequenz, die uns motiviert, die Gewohnheit zu wiederholen. Diese Belohnung kann physisch, emotional oder sozial sein.

Das Verständnis dieses Kreislaufs ist der Schlüssel zur erfolgreichen Entwicklung neuer, willenskraftschonender Gewohnheiten. Wenn wir eine neue Gewohnheit etablieren wollen, müssen wir jeden dieser vier Aspekte bewusst gestalten.

Die Etablierung neuer Gewohnheiten beginnt mit einer sorgfältigen Analyse unserer bestehenden Routinen. Eine besonders effektive Strategie ist das „Gewohnheits-Stacking" - das Anhängen einer neuen Gewohnheit an eine bereits bestehende. Wenn wir zum Beispiel jeden Morgen Kaffee kochen, können wir diesen etablierten Auslöser nutzen, um eine neue Gewohnheit wie eine kurze Meditation oder Atemübung zu verankern. Die bereits automatisierte Handlung dient als verlässlicher Trigger für das neue Verhalten.

Der Schlüssel zum Erfolg liegt in der Minimierung der anfänglichen Hürden. Das „Zwei-Minuten-Prinzip" hat sich hier als besonders wirksam erwiesen. Die Idee ist einfach: Reduzieren Sie jede neue Gewohnheit zunächst auf eine Version, die nicht länger als zwei Minuten dauert. Möchten Sie beispielsweise täglich eine Stunde lesen, beginnen Sie damit, jeden Tag nur zwei Minuten zu lesen. Diese minimale Version erscheint unserem Gehirn so mühelos, dass es kaum Willenskraft kostet, sie umzusetzen.

Die Gestaltung der Umgebung spielt eine entscheidende Rolle bei der Gewohnheitsbildung. Unser Gehirn reagiert stark auf visuelle Reize und räumliche Anordnungen. Wenn wir morgens Yoga machen möchten, legen wir die Yogamatte am Abend zuvor bereits ausgerollt bereit. Diese Vorbereitung reduziert die notwendige Willenskraft am Morgen erheblich, da sie mehrere kleine Entscheidungen und Handlungen einspart.

Ein weiterer wichtiger Aspekt ist die bewusste Gestaltung des Belohnungssystems. Unser Gehirn lernt am besten durch unmittelbare positive Verstärkung. Schaffen Sie deshalb direkt nach der gewünschten Handlung einen kleinen, aber spürbaren Moment der Belohnung. Dies kann so einfach sein wie ein Häkchen in einem Tracking-System zu setzen oder sich einen Moment der Zufriedenheit zu gönnen. Die Regelmäßigkeit der Belohnung ist dabei wichtiger als ihre Größe.

Die Integration mehrerer kleiner Routinen zu größeren Handlungsabläufen ermöglicht es uns, komplexe Verhaltensweisen zu automatisieren. Eine Morgenroutine könnte beispielsweise Meditation, kurzes Workout und gesundes Frühstück verbinden. Durch die regelmäßige Wiederholung in der gleichen Reihenfolge wird der gesamte Ablauf zu einer einzigen, großen Gewohnheit, die kaum noch bewusste Willenskraft erfordert.

Die systematische Verfolgung unserer Gewohnheiten ist entscheidend für ihren langfristigen Erfolg. Ein bewährtes Werkzeug ist der „Gewohnheits-Tracker", der mehr als nur eine simple Checkliste ist. Er funktioniert wie ein Forschungstagebuch unseres Verhaltens. Für jede Gewohnheit dokumentieren wir nicht nur die Durchführung, sondern auch die Umstände: Zu welcher Tageszeit waren wir am erfolgreichsten? Welche äußeren Bedingungen haben uns unterstützt oder behindert? Diese detaillierte Analyse hilft uns, unsere Gewohnheiten zu optimieren.

Die „Ketten-Methode" nach Jerry Seinfeld hat sich als besonders motivierend erwiesen. Das Prinzip ist einfach: In einem Kalender markieren wir jeden Tag, an dem wir unsere Gewohnheit ausgeführt haben. Mit der Zeit entsteht eine ununterbrochene Kette von Markierungen. Der psychologische Effekt ist bemerkenswert – je länger die Kette wird, desto stärker wird unser Wunsch, sie nicht zu unterbrechen. Diese visuelle Darstellung unseres Fortschritts spricht direkt das Belohnungszentrum in unserem Gehirn an.

Besonders wichtig ist der Umgang mit unvermeidlichen Unterbrechungen. Die „Zwei-Tage-Regel" bietet hier einen praktischen Ansatz: Wir erlauben uns, eine Gewohnheit einmal zu verpassen, aber niemals zwei Tage in Folge. Diese Flexibilität verhindert, dass ein einzelner Ausrutscher zur kompletten Aufgabe führt. Sie berücksichtigt die Realität unseres Lebens, ohne die Kontinuität der Gewohnheit zu gefährden.

Ein weiteres effektives Werkzeug ist das „Gewohnheits-Stärke-Barometer". Auf einer Skala von 1 bis 10 bewerten wir regelmäßig, wie automatisch eine Gewohnheit bereits abläuft. Eine neue Gewohnheit beginnt typischerweise bei 1-2 und gilt ab einem Wert von 8-9 als gefestigt. Diese Methode macht den oft unmerklichen Prozess der Gewohnheitsbildung sichtbar und messbar.

Die Integration digitaler Tools kann die Gewohnheitsbildung zusätzlich unterstützen. Smartphone-Apps mit Erinnerungsfunktionen können als externe Auslöser dienen. Dabei ist es wichtig, die Benachrichtigungen an unseren natürlichen Tagesrhythmus anzupassen. Eine Erinnerung zur falschen Zeit kann mehr stören als helfen. Die beste Zeit für eine neue Gewohnheit ist oft direkt nach einem bereits etablierten Verhaltensmuster.

Die nachhaltige Integration neuer Gewohnheiten in unseren Lebensstil erfordert mehr als nur Willenskraft – sie verlangt ein tiefes Verständnis für die Mechanismen der langfristigen Verhaltensänderung. Der kritische Zeitraum für die Etablierung einer neuen Gewohnheit liegt nicht, wie oft angenommen, bei 21 Tagen, sondern erstreckt sich je nach Komplexität der Gewohnheit über 66 bis 254 Tage. Dieses Wissen hilft uns, realistische Erwartungen zu entwickeln und geduldig mit unserem Entwicklungsprozess zu sein.

Eine entscheidende Strategie für die langfristige Aufrechterhaltung ist die „Identitäts-basierte Gewohnheitsbildung". Statt uns nur auf das gewünschte Verhalten zu konzentrieren, entwickeln wir ein neues Selbstbild, das dieses Verhalten natürlich einschließt. Anstatt zu denken „Ich will jeden Tag meditieren", entwickeln wir die Identität „Ich bin ein Mensch, der täglich meditiert". Diese subtile Verschiebung in der Selbstwahrnehmung macht das gewünschte Verhalten zu einem natürlichen Ausdruck unserer Persönlichkeit.

Die „Progressions-Strategie" ermöglicht es uns, Gewohnheiten organisch wachsen zu lassen. Beginnen Sie mit einer einfachen Version der Gewohnheit und steigern Sie schrittweise die Anforderungen. Ein Beispiel: Wenn Sie sich angewöhnen möchten, täglich zu schreiben, beginnen Sie mit fünf Minuten und erhöhen Sie die Zeit alle zwei Wochen um weitere fünf Minuten. Diese graduelle Steigerung erlaubt es unserem Gehirn, sich natürlich an die neue Routine anzupassen.

Besonders wichtig für die Langfristigkeit ist die Integration von „Notfall-Plänen". Entwickeln Sie für jede wichtige Gewohnheit eine minimale Version, die Sie selbst unter schwierigen Umständen ausführen können. Wenn Ihre normale Trainingsroutine 45 Minuten dauert, könnte die Notfall-Version aus einer fünfminütigen Kombination grundlegender Übungen bestehen. Diese Flexibilität verhindert, dass unvorhergesehene Ereignisse unsere Gewohnheiten komplett unterbrechen.

Ein weiterer entscheidender Faktor ist die regelmäßige Anpassung unserer Gewohnheiten an veränderte Lebensumstände. Die „Quartals-Revision" bietet einen strukturierten Rahmen, um unsere Routinen zu überprüfen und bei Bedarf anzupassen. Wir fragen uns: Welche Gewohnheiten funktionieren gut? Welche bereiten Schwierigkeiten? Welche neuen Lebensumstände erfordern Anpassungen? Diese regelmäßige Überprüfung stellt sicher, dass unsere Gewohnheiten relevant und praktikabel bleiben.

Die Überwindung von Gewohnheits-Plateaus erfordert oft einen strategischen Ansatz. Wenn eine Gewohnheit zur Routine geworden ist, verliert sie manchmal ihre ursprüngliche Wirksamkeit oder Bedeutung. An diesem Punkt ist es wichtig, neue Herausforderungen einzubauen. Die „Progressive-Loading-Technik" bietet hierfür einen systematischen Ansatz: Wir fügen unseren etablierten Gewohnheiten schrittweise neue Elemente hinzu. Eine morgendliche Yoga-Routine könnte beispielsweise um anspruchsvollere Posen oder längere Haltezeiten erweitert werden.

Fortgeschrittene Routinen entstehen durch die geschickte Verkettung mehrerer Gewohnheiten zu einem kohärenten System. Dabei achten wir besonders auf die Übergänge zwischen den einzelnen Gewohnheiten. Diese Übergänge sollten so natürlich wie möglich gestaltet werden, sodass eine Handlung automatisch zur nächsten führt. Eine fortgeschrittene Morgenroutine könnte zum Beispiel nahtlos von der Meditation über leichte Bewegungsübungen zum Journaling übergehen, wobei jede Aktivität die nächste vorbereitet.

Zusammenfassend lässt sich sagen, dass die erfolgreiche Integration von Gewohnheiten in unseren Alltag ein dynamischer Prozess ist. Er erfordert sowohl systematische Planung als auch Flexibilität in der Umsetzung. Der größte Gewinn liegt dabei nicht nur in den einzelnen etablierten Gewohnheiten, sondern in der Entwicklung eines Systems, das unsere Willenskraft effizient einsetzt und uns hilft, unsere Ziele mit weniger Anstrengung zu erreichen.

Stressmanagement und emotionale Regulation

Innere Balance finden

Stress ist wie ein unsichtbarer Willenskraft-Räuber. Wenn wir unter Stress stehen, verändert sich die Chemie unseres Gehirns grundlegend. Der Cortisol-Spiegel steigt, während die Aktivität im präfrontalen Cortex – unserem Zentrum für Willenskraft und Selbstkontrolle – abnimmt. Dies erklärt, warum wir in stressigen Zeiten häufig zu alten, unerwünschten Verhaltensmustern zurückkehren, obwohl wir uns fest vorgenommen haben, anders zu handeln.

Die Verbindung zwischen Stress und Willenskraft ist besonders tückisch, weil sie einen sich selbst verstärkenden Kreislauf bilden kann. Stress schwächt unsere Willenskraft, was zu schlechteren Entscheidungen führt, die wiederum mehr Stress erzeugen. Das Verständnis dieses Zusammenspiels ist der erste Schritt zur Durchbrechung dieses Kreislaufs.

Emotionale Regulation beginnt mit dem Bewusstsein für unsere Gefühlszustände. Neurowissenschaftliche Studien zeigen, dass allein das Benennen einer Emotion ihre Intensität reduzieren kann. Wenn wir lernen, unsere emotionalen Zustände frühzeitig zu erkennen, können wir eingreifen, bevor sie unsere Willenskraft überfordern. Dies ist vergleichbar mit dem frühzeitigen Erkennen von Wetteränderungen – wer die Anzeichen eines aufziehenden Sturms kennt, kann rechtzeitig Schutz suchen.

Besonders wichtig ist das Verständnis der verschiedenen Stressphasen und ihrer spezifischen Auswirkungen auf unsere Willenskraft. In der akuten Stressphase ist unser Handlungsspielraum oft eingeschränkt, hier geht es primär um Schadensbegrenzung. In der Erholungsphase hingegen öffnet sich ein Fenster für den Aufbau neuer, gesünderer Reaktionsmuster.

Die Entwicklung wirksamer Stressbewältigungsstrategien beginnt mit dem Verständnis unserer persönlichen Stressreaktionen. Diese Reaktionen zeigen sich auf vier Ebenen:

körperlich (wie erhöhter Herzschlag), emotional (wie Gereiztheit), mental (wie kreisende Gedanken) und verhaltensbezogen (wie unruhiges Herumlaufen). Indem wir lernen, diese Signale frühzeitig zu erkennen, können wir gezielt gegensteuern, bevor unsere Willenskraft zu stark beeinträchtigt wird.

Eine besonders effektive Technik zur unmittelbaren Stressreduktion ist die „4-7-8-Atmung". Diese Atemtechnik aktiviert unseren Parasympathikus, den Teil unseres Nervensystems, der für Entspannung und Regeneration zuständig ist. Wir atmen vier Sekunden ein, halten den Atem sieben Sekunden und atmen acht Sekunden aus. Schon drei Wiederholungen können unseren Stresslevel deutlich senken und unsere Fähigkeit zur Selbstkontrolle wiederherstellen.

Die progressive Muskelentspannung bietet einen systematischen Ansatz zur Spannungsreduktion. Bei dieser Methode spannen wir nacheinander verschiedene Muskelgruppen an und entspannen sie wieder. Der Kontrast zwischen Anspannung und Entspannung macht uns körperliche Spannungszustände bewusster und gibt uns ein Werkzeug, diese aktiv zu lösen. Dies ist besonders wichtig, da körperliche Anspannung oft unbewusst unsere Willenskraft bindet.

Emotionale Regulation erfordert mehr als nur Entspannungstechniken. Die „RAIN-Methode" bietet einen strukturierten Ansatz zum Umgang mit herausfordernden Emotionen:

Recognize (Erkennen): Die Emotion bewusst wahrnehmen

Allow (Zulassen): Die Emotion akzeptieren, ohne sie zu bekämpfen

Investigate (Untersuchen): Die Ursachen und Auslöser erforschen

Nurture (Nähren): Sich selbst mit Mitgefühl begegnen

Bewegung ist ein oft unterschätzter Schlüssel zum Stressmanagement. Moderate körperliche Aktivität reduziert nicht nur unmittelbar Stresshormone, sondern stärkt auch langfristig unsere Stressresistenz. Besonders effektiv sind kurze Bewegungseinheiten über den Tag verteilt - sie funktionieren wie „Reset-Knöpfe" für unser Stresssystem.

Im Alltag brauchen wir ein Set von einfach umsetzbaren Übungen, die wir flexibel einsetzen können. Die erste wichtige Übung ist der „Stress-Scan". Nehmen Sie sich dreimal täglich - am besten morgens, mittags und abends - eine Minute Zeit, um Ihren Stresslevel zu überprüfen. Spüren Sie dabei bewusst in Ihren Körper hinein: Wo sitzt die Spannung? Wie ist Ihre Atmung? Wie fühlt sich Ihr Nacken an? Diese regelmäßige Überprüfung schärft Ihre Wahrnehmung für aufkommenden Stress und ermöglicht frühzeitiges Gegensteuern.

Eine besonders wirkungsvolle Übung für emotional aufgeladene Situationen ist die „90-Sekunden-Regel". Neurowissenschaftliche Forschungen haben gezeigt, dass die biochemische Reaktion einer Emotion etwa 90 Sekunden dauert. Wenn wir lernen, diese 90 Sekunden bewusst zu durchleben, ohne in gewohnte Reaktionsmuster zu verfallen, können wir unsere emotionale Regulationsfähigkeit deutlich verbessern. Die Übung besteht darin, die Emotion wie eine Welle zu beobachten, die kommt und wieder geht.

Die „Emotionale Erste-Hilfe-Box" ist ein praktisches Werkzeug für akute Stresssituationen. Erstellen Sie eine Liste von fünf bis sieben Aktivitäten, die Sie innerhalb von zwei Minuten ausführen können und die Ihnen nachweislich gut tun. Dies könnte sein: dreimal tief durchatmen, ein Glas Wasser trinken, kurz ans Fenster treten, eine beruhigende Musiksequenz hören oder eine kurze Stretching-Übung machen. Die Box funktioniert wie ein persönlicher Notfallplan für Momente, in denen Stress unsere Willenskraft zu überfordern droht.

Eine weitere wertvolle Alltagsübung ist das „Emotions-Tracking". Führen Sie über eine Woche ein einfaches Protokoll Ihrer emotionalen Zustände. Notieren Sie stündlich mit einem Wort oder Symbol Ihre vorherrschende Emotion. Diese Übung hilft uns, emotionale Muster zu erkennen und zu verstehen, wie verschiedene Situationen, Menschen oder Tageszeiten unsere emotionale Balance beeinflussen. Dieses Wissen ermöglicht uns, präventiv zu handeln und unsere Willenskraft gezielter einzusetzen.

Die Integration von Achtsamkeitsübungen in den Alltag ist besonders effektiv. Die „STOP-Technik" lässt sich in jede Situation einbauen:

Stop (Innehalten in der aktuellen Tätigkeit)
Take a breath (Bewusst atmen)
Observe (Wahrnehmen des gegenwärtigen Moments)
Proceed (Bewusst weitermachen)

Diese kurze Übung schafft kleine Inseln der Achtsamkeit im Tagesverlauf und hilft uns, den Autopilotus zu unterbrechen, der oft zu stressbedingtem Verhalten führt.

Die Entwicklung emotionaler Widerstandskraft ist vergleichbar mit dem Aufbau körperlicher Fitness - sie erfordert regelmäßiges Training und entwickelt sich über Zeit. Ein entscheidender Faktor dabei ist das Konzept der „Stress-Immunisierung". Ähnlich wie unser Immunsystem durch die Auseinandersetzung mit Krankheitserregern stärker wird, können wir unsere Stressresilienz durch die bewusste Konfrontation mit kontrollierbaren Herausforderungen stärken.

Die „Graduelle Expositions-Methode" bietet hierfür einen systematischen Ansatz. Wir beginnen mit kleinen, bewältigbaren Stresssituationen und steigern schrittweise die Intensität. Ein Beispiel: Wenn soziale Situationen Stress auslösen, könnten wir mit kurzen Gesprächen im Supermarkt beginnen, uns dann zu längeren Unterhaltungen mit Bekannten steigern und schließlich größere soziale Veranstaltungen meistern. Jede erfolgreich gemeisterte Situation stärkt unser Vertrauen in unsere Bewältigungsfähigkeiten.

Ein wesentlicher Baustein langfristiger Stressresilienz ist die Entwicklung eines „emotionalen Vokabulars". Je differenzierter wir unsere emotionalen Zustände beschreiben können, desto besser können wir sie regulieren. Statt einfach „gestresst" zu sein, lernen wir zu unterscheiden, ob wir uns überfordert, unter Zeitdruck, unsicher oder irritiert fühlen. Diese Präzision in der Wahrnehmung ermöglicht gezieltere Interventionen.

Die „Ressourcen-Aktivierung" spielt eine zentrale Rolle bei der Entwicklung emotionaler Widerstandskraft. Wir erstellen eine persönliche „Resilienz-Landkarte", die all unsere Bewältigungsressourcen aufzeigt: innere Stärken, unterstützende Beziehungen, hilfreiche Routinen und inspirierende Erfahrungen. Diese Landkarte dient als Orientierung in stürmischen Zeiten und erinnert uns daran, welche Werkzeuge uns zur Verfügung stehen.

Ein oft übersehener Aspekt der Stressresilienz ist die „präventive Regeneration". Anstatt zu warten, bis wir erschöpft sind, bauen wir regelmäßige Erholungsphasen in unseren Alltag ein. Dies können kurze Meditationspausen sein, regelmäßige Bewegung in der Natur oder bewusste Momente der Stille. Diese präventiven Maßnahmen schaffen einen Puffer für stressige Zeiten und erhalten unsere Willenskraft-Reserven.

Die effektive Regulation von Stress und Emotionen ist ein entscheidender Baustein für nachhaltige Willenskraft. Wir haben gesehen, dass Stress nicht nur unsere unmittelbare Selbstkontrolle beeinträchtigt, sondern auch langfristig unsere Fähigkeit zur Willensanstrengung schwächen kann. Gleichzeitig haben wir gelernt, dass wir durch systematisches Training unsere Stressresilienz aufbauen können, ähnlich wie einen Muskel, der durch regelmäßige Belastung stärker wird.

Die wichtigsten Erkenntnisse dieses Kapitels lassen sich in drei Kernprinzipien zusammenfassen:

Erstens: Frühzeitiges Erkennen von Stresssignalen ist der Schlüssel zur effektiven Intervention. Je früher wir Anzeichen von Stress wahrnehmen, desto leichter können wir gegensteuern, bevor unsere Willenskraft erschöpft ist.

Zweitens: Emotionale Regulation ist eine Fähigkeit, die systematisch entwickelt werden kann. Durch Übungen wie die RAIN-Methode und regelmäßiges Emotions-Tracking können wir unsere emotionale Intelligenz stetig verbessern.

Drittens: Nachhaltige Stressresilienz entsteht durch die Integration präventiver Maßnahmen in unseren Alltag. Es geht nicht darum, Stress komplett zu vermeiden, sondern darum, ein robustes System aus Bewältigungsstrategien aufzubauen.

Diese Erkenntnisse führen uns direkt zum nächsten wichtigen Aspekt unserer Willenskraft: dem körperlichen Wohlbefinden. Im nächsten Kapitel werden wir untersuchen, wie unsere physische Verfassung unsere Willenskraft beeinflusst und wie wir durch bewusste Pflege unseres Körpers die Basis für einen starken Willen schaffen können.

Körperliches Wohlbefinden

Die körperliche Basis der Willenskraft
Unser Körper und unser Wille sind untrennbar miteinander verbunden. Diese Erkenntnis mag zunächst überraschen, da wir Willenskraft oft als rein mentale Fähigkeit betrachten. Doch die Neurowissenschaft zeigt uns ein faszinierendes Bild: Willenskraft hat eine eindeutig physische Basis in unserem Gehirn, und die Leistungsfähigkeit unseres Gehirns hängt direkt von unserem körperlichen Wohlbefinden ab.

Stellen Sie sich Ihr Gehirn als einen hochleistungsfähigen Computer vor. Wie jeder Computer braucht es eine stabile Energieversorgung und optimale Betriebsbedingungen. Der präfrontale Cortex, jener Teil unseres Gehirns, der für Willenskraft und Selbstkontrolle zuständig ist, ist besonders anspruchsvoll in seinen Bedürfnissen. Er verbraucht etwa 20% unserer gesamten Energie, obwohl er nur 2% unserer Körpermasse ausmacht. Diese hohen Energieanforderungen erklären, warum unser körperlicher Zustand so entscheidend für unsere Willenskraft ist.

Die Rolle des Schlafs für unsere Willenskraft kann kaum überschätzt werden. Während wir schlafen, finden lebenswichtige Regenerationsprozesse in unserem Gehirn statt. Schlafmangel beeinträchtigt direkt die Funktionsfähigkeit unseres präfrontalen Cortex. Studien zeigen, dass Menschen nach einer schlaflosen Nacht deutlich anfälliger für Impulskäufe sind und sich schwerer tun, Versuchungen zu widerstehen. Bereits eine Stunde weniger Schlaf kann unsere Fähigkeit zur Selbstkontrolle messbar reduzieren.

Die Qualität unserer Ernährung spielt ebenfalls eine zentrale Rolle. Unser Gehirn benötigt einen konstanten Zufluss von Glucose, um optimal zu funktionieren. Dabei sind starke Schwankungen im Blutzuckerspiegel besonders problematisch für unsere Willenskraft. Eine ausgewogene Ernährung mit komplexen Kohlenhydraten, hochwertigen Proteinen und gesunden Fetten hilft uns, einen stabilen Energielevel aufrechtzuerhalten und damit unsere Willenskraft zu stärken.

Eine optimale Schlafhygiene bildet das Fundament für starke Willenskraft. Der Schlaf folgt einem natürlichen Rhythmus, den wir unterstützen können. Die wichtigste Strategie ist die Etablierung einer konstanten Schlafenszeit und Aufwachzeit – auch an den Wochenenden. Unser Gehirn liebt Routine, und ein regelmäßiger Schlafrhythmus optimiert die Qualität unserer Erholungsphasen. Besonders wichtig ist die Zeit vor dem Schlafengehen: Eine „Digital Sunset"-Regel, bei der wir eine Stunde vor dem Schlafengehen auf blaues Bildschirmlicht verzichten, hilft unserem Gehirn, den natürlichen Melatonin-Haushalt zu regulieren.

Die Ernährungsstrategie für optimale Willenskraft basiert auf dem Prinzip der stabilen Energieversorgung. Unser Gehirn benötigt einen stetigen Glukosespiegel, um Willenskraft aufrechtzuerhalten. Dies erreichen wir durch regelmäßige, ausgewogene Mahlzeiten mit einem hohen Anteil an komplexen Kohlenhydraten. Vollkornprodukte, Hülsenfrüchte und Gemüse liefern lang anhaltende Energie, während stark verarbeitete Kohlenhydrate zu problematischen Blutzuckerschwankungen führen können. Ein praktischer Ansatz ist die „Protein-bei-jeder-Mahlzeit-Regel", da Proteine die Glukoseaufnahme verlangsamen und stabilisieren.

Bewegung ist ein oft unterschätzter Faktor für starke Willenskraft. Regelmäßige körperliche Aktivität verbessert nicht nur unsere Durchblutung und damit die Sauerstoffversorgung des Gehirns, sondern stimuliert auch die Produktion von BDNF (Brain-Derived Neurotrophic Factor), einem Protein, das die Bildung neuer Nervenzellen und Verbindungen im Gehirn fördert. Besonders effektiv sind moderate Ausdaueraktivitäten wie Gehen, Schwimmen oder Radfahren. Bereits 30 Minuten tägliche Bewegung können unsere kognitive Leistungsfähigkeit und damit unsere Willenskraft deutlich verbessern.

Die Hydration unseres Körpers spielt eine überraschend wichtige Rolle. Unser Gehirn besteht zu etwa 75% aus Wasser, und bereits eine leichte Dehydration kann unsere kognitiven Fähigkeiten und damit unsere Willenskraft beeinträchtigen. Eine praktische Strategie ist die „Morgen-Wasser-Routine": Direkt nach dem Aufwachen ein großes Glas Wasser zu trinken, hilft unserem Gehirn, den nächtlichen Flüssigkeitsverlust auszugleichen und optimal in den Tag zu starten.

Die erfolgreiche Integration körperlicher Optimierung in unseren Alltag beginnt mit einer strukturierten Morgenroutine. Diese „Willenskraft-Aktivierungs-Routine" besteht aus vier aufeinander aufbauenden Elementen. Zunächst trinken wir direkt nach dem Aufwachen 500ml Wasser, idealerweise mit einer Prise Salz und etwas Zitrone, um unseren Elektrolythaushalt zu stabilisieren. Dies regt nicht nur unseren Stoffwechsel an, sondern versorgt unser Gehirn auch mit der nötigen Flüssigkeit für optimale Funktionsfähigkeit.

Als zweites Element folgt eine kurze Bewegungssequenz von fünf bis zehn Minuten. Diese muss nicht anstrengend sein – einfache Dehnübungen, sanfte Yoga-Positionen oder ein kurzer Spaziergang an der frischen Luft reichen aus. Diese Bewegung stimuliert unsere Durchblutung und aktiviert unseren Stoffwechsel. Besonders wichtig ist dabei die Exposition gegenüber natürlichem Tageslicht, das unseren circadianen Rhythmus reguliert und damit unseren Schlaf-Wach-Zyklus optimiert.

Das dritte Element ist ein ausgewogenes Frühstück, das uns langanhaltende Energie für den Start in den Tag liefert. Die optimale Zusammensetzung folgt der „Drittel-Regel": Ein Drittel komplexe Kohlenhydrate (wie Haferflocken), ein Drittel hochwertiges Protein (wie Joghurt oder Eier) und ein Drittel gesunde Fette (wie Nüsse oder Avocado). Diese Kombination stabilisiert unseren Blutzuckerspiegel und gibt unserem Gehirn die nötigen Nährstoffe für optimale Willenskraft.

Im Tagesverlauf implementieren wir die „20-8-2-Regel": Nach jeweils 20 Minuten sitzender Tätigkeit nehmen wir uns 8 tiefe Atemzüge und bewegen uns für 2 Minuten. Diese mikroskopischen Bewegungspausen verhindern nicht nur körperliche Verspannungen, sondern optimieren auch unsere Gehirndurchblutung und damit unsere mentale Leistungsfähigkeit. Ein einfacher Timer oder eine Smartphone-App kann uns an diese regelmäßigen Pausen erinnern.

Die letzten Stunden des Tages sind entscheidend für unsere nächtliche Regeneration und damit für unsere Willenskraft am nächsten Tag. Eine gut strukturierte Abendroutine bereitet unser Gehirn und unseren Körper systematisch auf erholsamen Schlaf vor. Diese Vorbereitung beginnt idealerweise zwei Stunden vor der geplanten Schlafenszeit.

In der ersten Stunde dieser „Willenskraft-Regenerations-Phase" reduzieren wir schrittweise die Intensität unserer Aktivitäten. Unser Gehirn braucht Zeit, um von einem aktiven in einen entspannten Zustand überzugehen. Stellen Sie sich dies vor wie das langsame Ausrollen eines Autos – ein abruptes Anhalten würde das System nur unnötig belasten. In dieser Phase vermeiden wir intensive körperliche Aktivität, emotional aufwühlende Gespräche oder komplexe Entscheidungsprozesse, die unsere Willenskraft unnötig beanspruchen würden.

Die zweite Stunde vor dem Schlafengehen widmen wir der aktiven Entspannung. Hier ist die „3-R-Methode" besonders effektiv: Reflection (Reflexion), Release (Loslassen) und Rest (Ruhe). In der Reflexionsphase nehmen wir uns zehn Minuten Zeit, um den Tag Revue passieren zu lassen und eventuelle unerledigte Gedanken oder Aufgaben in einem Notizbuch festzuhalten. Dies verhindert, dass unser Gehirn nachts versucht, offene Schleifen zu schließen.

In der Release-Phase praktizieren wir eine progressive Muskelentspannung, bei der wir systematisch alle Muskelgruppen des Körpers erst anspannen und dann bewusst loslassen. Diese körperliche Entspannung signalisiert unserem Gehirn, dass es sicher ist, in den Regenerationsmodus zu wechseln. Besonders wichtig ist dabei die Entspannung des Nacken- und Schulterbereichs, wo sich im Laufe des Tages oft Spannungen ansammeln, die unseren Schlaf beeinträchtigen können.

Die letzte Phase, die Ruhephase, widmen wir beruhigenden Aktivitäten wie leichter Lektüre oder entspannender Musik. Hier ist die Raumtemperatur von besonderer Bedeutung – unser Gehirn kann am besten einschlafen, wenn die Körpertemperatur leicht absinkt. Eine Raumtemperatur von etwa 18 Grad Celsius unterstützt diesen natürlichen Prozess optimal.

Unterstützungssystem

Gemeinsam stärker sein

Der Mensch ist ein soziales Wesen, und diese fundamentale Wahrheit gilt auch für die Entwicklung unserer Willenskraft. Die Vorstellung vom einsamen Kämpfer, der allein durch pure Willensanstrengung seine Ziele erreicht, ist ein Mythos, der uns oft mehr schadet als nutzt. Die Forschung zeigt eindeutig: Menschen, die über ein starkes soziales Unterstützungssystem verfügen, entwickeln nicht nur eine stärkere Willenskraft, sondern können diese auch nachhaltiger einsetzen.

Denken Sie an einen Bergsteiger, der einen schwierigen Gipfel erklimmen möchte. Auch wenn er letztendlich selbst jeden Schritt gehen muss, erhöht ein erfahrenes Team seine Chancen auf Erfolg dramatisch. Einige sichern ihn mit Seilen, andere beraten ihn über die beste Route, wieder andere motivieren ihn in schwierigen Momenten. Genauso verhält es sich mit unserer Willenskraft – wir brauchen verschiedene Formen der Unterstützung für verschiedene Aspekte unserer Entwicklung.

Die Kraft sozialer Unterstützung wirkt auf mehreren Ebenen. Zunächst gibt es die emotionale Unterstützung – Menschen, die an uns glauben, uns ermutigen und in schwierigen Momenten Halt geben. Diese emotionale Resonanz stärkt unseren Willen oft mehr als jede rationale

Überlegung. Wenn andere Menschen an uns glauben, fällt es uns leichter, auch selbst an uns zu glauben.

Die zweite Ebene ist die praktische Unterstützung. Dies können Menschen sein, die uns mit ihrem Wissen und ihrer Erfahrung zur Seite stehen, die uns konkrete Werkzeuge und Strategien vermitteln oder die uns helfen, Hindernisse aus dem Weg zu räumen. Ein erfahrener Mentor kann uns Monate oder sogar Jahre von Versuch-und-Irrtum-Lernen ersparen.

Der Aufbau eines effektiven Unterstützungssystems beginnt mit einer sorgfältigen Analyse unserer Bedürfnisse. Wie ein Architekt, der vor dem Bau eines Hauses zunächst einen detaillierten Plan erstellt, müssen wir uns klar werden, welche Arten von Unterstützung wir für unsere Willenskraft benötigen. Dabei können wir zwischen verschiedenen Unterstützungsebenen unterscheiden.

Die erste Ebene bildet der innere Kreis, bestehend aus Menschen, die uns täglich oder sehr regelmäßig begleiten. Das können Familienmitglieder, enge Freunde oder direkte Kollegen sein. Diese Menschen haben den größten Einfluss auf unsere täglichen Entscheidungen und Verhaltensweisen. Es ist entscheidend, dass wir mit ihnen offen über unsere Ziele und die Bedeutung unserer Willenskraft sprechen. Wenn beispielsweise jemand beschließt, gesünder zu leben, ist die Unterstützung des Partners oder der Familie von unschätzbarem Wert.

Die zweite Ebene umfasst Mentoren und Vorbilder. Dies sind Menschen, die bereits dort sind, wo wir hinwollen, oder die über spezifische Expertise verfügen, die uns weiterbringen kann. Ein Mentor muss dabei nicht unbedingt ein formeller Coach sein – oft sind es Menschen in unserem erweiterten Umfeld, die bereit sind, ihre Erfahrungen mit uns zu teilen. Der Schlüssel liegt darin, aktiv nach solchen Mentoren zu suchen und mutig genug zu sein, sie um Unterstützung zu bitten.

Die dritte Ebene besteht aus Gleichgesinnten – Menschen, die ähnliche Ziele verfolgen wie wir. Diese „Willenskraft-Partnerschaften" sind besonders wertvoll, weil sie auf gegenseitigem Verständnis und geteilten Erfahrungen basieren. In einer Lerngruppe, einem Sportteam oder einer Support-Gruppe finden wir Menschen, die unsere Herausforderungen aus eigener Erfahrung kennen und die uns sowohl praktische als auch emotionale Unterstützung geben können.

Die aktive Gestaltung unseres Unterstützungssystems beginnt mit der bewussten Kommunikation unserer Ziele und Bedürfnisse. Viele Menschen scheuen sich davor, andere um Unterstützung zu bitten, aus Angst vor Ablehnung oder dem Gefühl, eine Last zu sein. Dabei zeigt die Forschung, dass Menschen im Allgemeinen gerne helfen und sich durch eine Bitte um Unterstützung sogar wertgeschätzt fühlen. Die Kunst liegt darin, konkret und spezifisch zu sein. Statt einer vagen Aussage wie „Ich bräuchte etwas Unterstützung" ist es effektiver zu sagen: „Könntest du mich jeden Montag an unser gemeinsames Training erinnern?"

Die Entwicklung von Mentoring-Beziehungen erfordert einen strategischen Ansatz. Ein erster Schritt ist die Identifikation potenzieller Mentoren in unserem Umfeld. Dabei sollten wir nach Menschen Ausschau halten, die nicht nur über die gewünschte Expertise verfügen, sondern auch charakterlich zu uns passen. Die Kontaktaufnahme erfolgt am besten schrittweise: Beginnen Sie mit einer spezifischen Frage oder der Bitte um ein kurzes Gespräch. Wenn sich daraus ein produktiver Austausch entwickelt, können Sie eine regelmäßigere Mentoring-Beziehung vorschlagen.

Für den Aufbau von Peer-Gruppen bieten sich verschiedene Wege an. Soziale Medien und Online-Plattformen ermöglichen es uns, Gleichgesinnte zu finden, die ähnliche Ziele verfolgen. Lokale Vereine, Workshops oder Seminare sind excellent Orte, um Menschen mit ähnlichen Interessen kennenzulernen. Der Schlüssel zum Erfolg liegt in der Regelmäßigkeit des Austauschs. Eine wöchentliche Check-in-Routine, sei es persönlich oder virtuell, hilft dabei, die Motivation und gegenseitige Unterstützung aufrechtzuerhalten.

Die Pflege unseres Unterstützungssystems ist genauso wichtig wie sein Aufbau. Eine bewährte Methode ist das „Reciprocity-Prinzip" - die Kunst des Gebens und Nehmens. Unterstützung sollte keine Einbahnstraße sein. Überlegen Sie regelmäßig, wie Sie Ihren Unterstützern etwas zurückgeben können, sei es durch Ihre eigene Expertise, durch aufmerksames Zuhören oder durch praktische Hilfe in anderen Bereichen.

Ein besonders effektives Werkzeug ist das „Support-Mapping". Dabei erstellen wir eine visuelle Darstellung unseres Unterstützungsnetzwerks, ähnlich einer Landkarte. Im Zentrum stehen wir selbst mit unseren Zielen und Herausforderungen. Darum herum ordnen wir in konzentrischen Kreisen unsere verschiedenen Unterstützer an - je nach Nähe und Art der Unterstützung. Diese Visualisierung hilft uns nicht nur, Lücken in unserem Unterstützungssystem zu erkennen, sondern auch gezielt die richtige Unterstützung für spezifische Herausforderungen zu aktivieren.

Das „Accountability-Journal" ist ein weiteres praktisches Werkzeug. Darin dokumentieren wir nicht nur unsere eigenen Fortschritte, sondern auch die Unterstützung, die wir erhalten und geben. Diese systematische Dokumentation hilft uns, Muster zu erkennen: Welche Form der Unterstützung ist besonders wirksam? Wann brauchen wir verstärkt Hilfe? Wie können wir die erhaltene Unterstützung noch besser nutzen?

Die „Feedback-Schleife" ist ein strukturierter Prozess, um die Qualität unserer Unterstützungsbeziehungen kontinuierlich zu verbessern. In regelmäßigen Abständen - idealerweise alle drei Monate - führen wir kurze Gespräche mit unseren wichtigsten Unterstützern. Dabei geht es um drei Fragen: Was läuft gut in unserer Unterstützungsbeziehung? Wo gibt es Verbesserungspotenzial? Welche neuen Formen der Unterstützung könnten hilfreich sein?

Mit diesem Verständnis für die Kraft sozialer Unterstützung sind wir nun bereit, uns dem nächsten wichtigen Aspekt der Willenskraft zuzuwenden. In Kapitel 10 werden wir uns damit beschäftigen, wie wir unsere Willenskraft systematisch trainieren und schrittweise steigern können - ähnlich wie einen Muskel, der durch regelmäßiges Training immer leistungsfähiger wird. Dabei werden wir sehen, wie die bisher gelernten Strategien und das aufgebaute Unterstützungssystem uns beim gezielten Training unserer Willenskraft helfen können.

Die Vorstellung, dass Willenskraft wie ein Muskel trainiert werden kann, ist mehr als nur eine hilfreiche Metapher – sie basiert auf soliden wissenschaftlichen Erkenntnissen. Wie ein Muskel wird unsere Willenskraft durch regelmäßige, angemessene Belastung stärker, kann durch Überbelastung erschöpft werden und braucht Zeit zur Regeneration. Das Verständnis dieser Parallelen eröffnet uns einen systematischen Weg zur Stärkung unseres Willens.

Die Wissenschaft der neuronalen Plastizität zeigt uns, dass unser Gehirn sich durch wiederholte Übung tatsächlich physisch verändert. Wenn wir unsere Willenskraft regelmäßig einsetzen, verstärken sich die neuronalen Verbindungen in unserem präfrontalen Cortex, jenem Bereich des Gehirns, der für Selbstkontrolle zuständig ist. Dies bedeutet: Jeder Akt der Selbstkontrolle, jede bewusste Entscheidung für langfristige Ziele statt kurzfristiger Belohnungen, trägt zur Stärkung unserer Willenskraft bei.

Der Schlüssel zum erfolgreichen Willenskraft-Training liegt in der richtigen Dosierung. Wie beim Muskelaufbau führt eine Überforderung nicht zu schnelleren Fortschritten, sondern zu Erschöpfung und möglicherweise sogar zu Rückschritten. Die optimale Trainingsintensität finden wir durch das Prinzip der „progressiven Belastung": Wir beginnen mit Herausforderungen, die leicht über unserem aktuellen Komfortniveau liegen, und steigern die Anforderungen schrittweise.

Die „Mikro-Herausforderungs-Methode" bildet die Grundlage für systematisches Willenskraft-Training. Dabei beginnen wir mit kleinen, aber bewussten Übungen der Selbstkontrolle im Alltag. Zum Beispiel:

Eine Minute länger unter der kalten Dusche bleiben
Den Impuls, sofort auf eine Nachricht zu antworten, für fünf Minuten zurückhalten
Eine kleine Versuchung bewusst aufschieben
Der entscheidende Punkt ist nicht die Größe der Herausforderung, sondern die Regelmäßigkeit der Übung. Jede erfolgreich gemeisterte Mikro-Herausforderung stärkt unser „Willenskraft-Muskelgedächtnis".

Das „Progressive Willenskraft-Training" folgt einem strukturierten Drei-Phasen-Modell:

Phase 1 - Grundlagentraining (2-3 Wochen):

Tägliche Mikro-Herausforderungen
Bewusstes Tracking der Erfolge
Fokus auf Regelmäßigkeit statt Intensität
Phase 2 - Aufbauphase (4-6 Wochen):

Steigerung der Schwierigkeit
Kombination mehrerer Herausforderungen
Integration in verschiedene Lebensbereiche
Phase 3 - Leistungsphase (ongoing):

Komplexere Willensaufgaben
Längere Durchhaltephasen
Bewältigung multipler Herausforderungen
Besonders wichtig ist das Konzept der „Willenskraft-Regeneration". Nach jeder intensiven Willensanstrengung planen wir bewusst Erholungsphasen ein. Dies können kurze Pausen im Tagesverlauf sein oder längere Regenerationsphasen nach besonders herausfordernden Perioden.

Der Umgang mit Rückschlägen ist ein entscheidender Teil des Willenskraft-Trainings. Wie ein Athlet, der aus jedem misslungenen Versuch lernt, können wir Rückschläge als wertvolle Feedback-Mechanismen nutzen. Die „Rückschlag-Analyse-Methode" hilft uns dabei, systematisch aus Momenten der Willensschwäche zu lernen:

Situationsanalyse: Was war der konkrete Auslöser?
Energielevel-Check: Wie war mein körperlicher und mentaler Zustand?

Umgebungsfaktoren: Welche äußeren Einflüsse haben eine Rolle gespielt?

Emotionale Komponente: Welche Gefühle waren beteiligt?

Lernpotenzial: Welche Strategie könnte beim nächsten Mal helfen?

Die Entwicklung von Durchhaltevermögen basiert auf dem „Resilienz-Zyklus":

Akzeptanz: Rückschläge sind normal und Teil des Lernprozesses

Analyse: Objektive Betrachtung der Situation ohne Selbstverurteilung

Anpassung: Entwicklung verbesserter Strategien

Neustart: Unmittelbarer Wiedereinstieg ins Training

Ein besonders wichtiger Aspekt ist die Feier kleiner Erfolge. Jeder Tag, an dem wir unseren Willen erfolgreich einsetzen, ist ein Sieg, der gewürdigt werden sollte. Das „Erfolgs-Ritual" am Ende des Tages verstärkt diese positiven Erfahrungen und baut unsere Motivation für künftige Herausforderungen auf.

Die langfristige Entwicklung der Willenskraft erfordert ein systematisches Training, das sich in unserem täglichen „Willenskraft-Workout-Plan" manifestiert:

Morgen-Training:

Eine bewusste Entscheidung gegen den Snooze-Button
Fünf Minuten Meditation trotz Zeitdruck

Bewusstes Wählen eines gesunden Frühstücks
Tages-Training:

Zwei geplante Verzögerungen bei nicht-dringenden Bedürfnissen
Eine herausfordernde Aufgabe vor einer angenehmen erledigen
Bewusste Pausen trotz Arbeitsdrucks
Abend-Training:

Digitale Auszeit eine Stunde vor dem Schlafengehen
Reflexion der täglichen Willensakte
Vorbereitung für den nächsten Tag
Die Integration dieses Trainings in unseren Alltag schafft eine solide Basis für wachsende Willenskraft. Wie ein Athlet, der seine Leistung kontinuierlich steigert, werden auch wir mit der Zeit immer stärkere Willensleistungen vollbringen können.

Damit kommen wir zu Teil 2 unseres Buches, der sich mit den Stolpersteinen der Willenskraft beschäftigt. Im nächsten Kapitel werden wir uns zunächst den häufigsten Fallen widmen: unklaren Zielen und fehlender Motivation. Denn nur wenn wir die Hindernisse auf unserem Weg kennen, können wir sie erfolgreich überwinden.

Unklare Ziele

So wie ein Schiff ohne Kompass orientierungslos auf dem Meer treibt, kann auch unsere Willenskraft ohne klare Ziele ihre Wirkung nicht entfalten. Die fehlende oder unklare Zielrichtung ist einer der häufigsten Gründe, warum Menschen trotz guter Vorsätze und prinzipiell vorhandener Willenskraft scheitern. Es ist, als würden wir versuchen, einen leistungsstarken Motor ohne Steuerrad zu betreiben.

Das Problem unklarer Ziele manifestiert sich auf verschiedenen Ebenen:

Auf der kognitiven Ebene führen vage Ziele zu einer diffusen mentalen Energie. Unser Gehirn ist darauf ausgerichtet, konkrete Probleme zu lösen und spezifische Ziele zu verfolgen. Wenn diese Klarheit fehlt, verschwendet es wertvolle Willenskraft mit dem Versuch, überhaupt erst eine Richtung zu finden.

Auf der emotionalen Ebene erzeugen unklare Ziele oft ein Gefühl der Rastlosigkeit und Unzufriedenheit. Wir spüren, dass wir etwas verändern möchten, können aber die Quelle unserer Unzufriedenheit nicht genau lokalisieren. Diese emotionale Unschärfe untergräbt unsere Motivation und damit unsere Willenskraft.

Die extrinsische Motivation als „Willens-Killer" ist besonders tückisch. Wenn unsere Ziele hauptsächlich von außen vorgegeben sind - sei es durch gesellschaftliche Erwartungen, familiären Druck oder vermeintliche Status-anforderungen - fehlt die tiefe innere Verbindung, die unseren Willen nachhaltig stärken könnte.

Die Auswirkungen unklarer Ziele und fehlender Motivation auf unsere Willenskraft sind weitreichend. Eine der gravierendsten Folgen ist der „Energie-Streuverlust". Wenn wir nicht genau wissen, worauf wir unsere Willenskraft richten sollen, verschwenden wir sie oft in verschiedene Richtungen. Dies führt zu einem Gefühl der Erschöpfung, ohne dass wir greifbare Fortschritte erzielen.

Ein weiteres Problem ist der „Motivations-Teufelskreis": Unklare Ziele führen zu halbherzigen Anstrengungen, diese wiederum zu unbefriedigenden Ergebnissen, was unsere Motivation weiter schwächt. Dieser Kreislauf untergräbt nicht nur unsere aktuelle Willenskraft, sondern auch unser Vertrauen in unsere grundsätzliche Fähigkeit zur Selbstmotivation.

Der Verlust von Willenskraft durch das Ignorieren persönlicher Werte ist besonders problematisch. Wenn unsere Ziele nicht mit unseren tiefsten Überzeugungen und

Werten übereinstimmen, entsteht ein innerer Konflikt, der konstant Energie verbraucht. Es ist, als würden wir gleichzeitig Gas geben und bremsen.

Die Lösung beginnt mit der „Werte-Ziel-Alignment-Methode":

Werte-Klärung: Was ist uns wirklich wichtig?
Ziel-Analyse: Welche unserer Ziele entspringen diesen Werten?
Diskrepanz-Check: Wo gibt es Unstimmigkeiten?
Neu-Ausrichtung: Anpassung der Ziele an unsere Werte
Die erste zentrale Übung ist die „Motivations-Archäologie". Dabei graben wir systematisch nach den wahren Wurzeln unserer Ziele:
Schritt 1: Nehmen Sie sich ein aktuelles Ziel vor
Schritt 2: Fragen Sie sich fünfmal „Warum will ich das wirklich?"
Schritt 3: Notieren Sie bei jeder Antwort Ihre emotionale Reaktion
Schritt 4: Identifizieren Sie den Punkt, an dem echte Begeisterung aufkommt

Diese Übung deckt oft überraschende Erkenntnisse auf. Manchmal stellen wir fest, dass ein vermeintlich wichtiges Ziel gar nicht unserer eigenen Motivation entspringt.

Die „Zielklarheits-Matrix" hilft uns, vage Ziele zu konkretisieren:

Dimension 1: Messbarkeit

Wie genau kann ich Fortschritte erkennen?
Welche konkreten Meilensteine gibt es?
Was ist der erste sichtbare Schritt?
Dimension 2: Zeitliche Struktur

Wann genau beginne ich?
Welche Zwischenziele gibt es?
Bis wann will ich das Ziel erreicht haben?
Dimension 3: Ressourcen

Was brauche ich zur Umsetzung?
Welche Fähigkeiten muss ich entwickeln?
Wer oder was kann mich unterstützen?
Eine weitere effektive Übung ist das „Motivations-Anker-Setting". Dabei schaffen wir bewusste Verbindungen zwischen unserem Ziel und positiven emotionalen Erfahrungen:

Visualisieren Sie einen Moment des Erfolgs
Spüren Sie die positiven Gefühle
Verknüpfen Sie diese mit einem konkreten Auslöser (Geste, Wort, Bild)
Nutzen Sie diesen Anker in Momenten schwacher Motivation

Das „Motivations-Tagebuch" ist ein kraftvolles Werkzeug zur langfristigen Motivationsstärkung. Dokumentieren Sie täglich:

Momente starker Motivation (Was hat sie ausgelöst?)

Situationen schwacher Motivation (Was hat sie verursacht?)

Erfolgreiche Strategien zur Motivationssteigerung

Neue Erkenntnisse über Ihre persönlichen Motivationsmuster

Die „Ziel-Resonanz-Prüfung" hilft bei der finalen Überprüfung unserer Ziele:

Erzeugt das Ziel ein Gefühl von Energie und Vorfreude?

Passt es zu meiner Persönlichkeit und meinen Werten?

Würde ich dieses Ziel auch verfolgen, wenn niemand davon erführe?

Bin ich bereit, dafür echte Anstrengungen auf mich zu nehmen?

Damit kommen wir zum nächsten Kapitel, das sich mit einem weiteren kritischen Aspekt beschäftigt: Stress und emotionale Belastung als innere Saboteure unserer Willenskraft. Während unklare Ziele unsere Willenskraft richtungslos machen, kann chronischer Stress sie regelrecht aufzehren.

Stress

Stress ist einer der mächtigsten Willenskraft-Fresser in unserem Leben. Wenn chronischer Stress unser System überflutet, geschieht etwas Bemerkenswertes in unserem Gehirn: Der präfrontale Cortex, unser Zentrum für Willenskraft und bewusste Entscheidungen, wird regelrecht ausgebremst, während unsere emotionalen und instinktiven Hirnregionen die Kontrolle übernehmen. Dies ist aus evolutionärer Sicht sinnvoll - in echten Gefahrensituationen brauchen wir schnelle, automatische Reaktionen statt langwieriger Überlegungen.

In unserer modernen Welt führt dieser Mechanismus jedoch oft zu problematischen Konsequenzen. Chronischer Stress triggert kontinuierlich diesen „Überlebensmodus", auch wenn keine echte Gefahr besteht. Die Folgen für unsere Willenskraft sind dramatisch:

Verschlechterte Entscheidungsfähigkeit
Erhöhte Impulsivität
Reduzierte Selbstkontrolle
Geschwächte Fokussierung auf langfristige Ziele
Besonders tückisch ist die emotionale Erschöpfung, die mit chronischem Stress einhergeht. Wenn unsere emotio-

nalen Ressourcen erschöpft sind, greifen wir häufig zu kurzfristigen „Trostpflastern" - sei es übermäßiges Essen, exzessiver Medienkonsum oder andere Formen von unmittelbarer Bedürfnisbefriedigung. Diese Verhaltensweisen schwächen unsere Willenskraft weiter und schaffen einen Teufelskreis aus Stress und Kontrollverlust.

Für die erfolgreiche Bewältigung von Stress ist das Verständnis unserer persönlichen Stressmuster entscheidend. Die „Stress-Signatur-Analyse" hilft uns dabei, unsere individuellen Stressreaktionen zu erkennen:

Körperliche Ebene:

Wo spüren wir Anspannung zuerst?
Welche körperlichen Symptome sind unsere „Frühwarnsignale"?
Wie verändert sich unser Atem- und Bewegungsmuster?
Emotionale Ebene:

Welche Gefühle tauchen unter Stress zuerst auf?
Wie verändert sich unsere emotionale Reaktivität?
Welche emotionalen Trigger sind besonders wirksam?
Mentale Ebene:

Welche Gedankenmuster werden aktiviert?
Wie verändert sich unsere Denkgeschwindigkeit?
Welche negativen Glaubenssätze werden verstärkt?
Die „Stress-Intervall-Methode" bietet einen praktischen Ansatz zur Stressregulation:

Erkennen des Stresslevels (Skala 1-10)
Bei Level 7 oder höher: Sofortige Intervention
Kurze aber intensive Entspannungsphasen (3-5 Minuten)
Bewusste Rückkehr zur Aktivität mit reduziertem Stresslevel

Für akute Stresssituationen ist die „STOPP-Technik" besonders effektiv. Der erste Schritt ist das bewusste Innehalten, sobald wir Stresssignale wahrnehmen. Dieser kurze Moment der Unterbrechung verhindert, dass wir in automatische Stressreaktionen verfallen. Dann folgt eine tiefe Atmung, die unseren Parasympathikus aktiviert und die Stressreaktion physiologisch dämpft. Der dritte Schritt ist die bewusste Beobachtung unserer Gedanken und Gefühle, ohne sofort darauf zu reagieren. Schließlich treffen wir eine bewusste Entscheidung für unser nächstes Handeln.

Emotionale Belastungen erfordern besondere Aufmerksamkeit. Die „Emotionale Erste-Hilfe" umfasst drei Kernstrategien: Erstens die Akzeptanz der aktuellen Gefühle ohne Wertung, zweitens die bewusste Selbstfürsorge in Form von kleinen, aber wirksamen Handlungen wie einem kurzen Spaziergang oder einem Gespräch mit einem vertrauten Menschen, und drittens die Neubewertung der Situation aus einer distanzierteren Perspektive.

Die nachhaltige Stressresistenz entwickelt sich durch regelmäßige präventive Maßnahmen. Dazu gehören feste Regenerationszeiten im Tagesablauf, ein ausgewogenes Verhältnis von Anforderung und Erholung sowie die bewusste Pflege positiver sozialer Beziehungen als emotionaler Puffer.

Dies führt uns direkt zu dem Kapitel, das sich mit einem weiteren kritischen Aspekt der Willenskraft beschäftigt: Schlafmangel und schlechte Ernährung. Denn wenn unser Körper nicht optimal versorgt ist, können auch die besten Stress-Bewältigungsstrategien nur begrenzt wirken.

Körper und Geist

Die Beziehung zwischen körperlichem Wohlbefinden und Willenskraft ist grundlegender, als die meisten Menschen vermuten. Unser Gehirn, das Zentrum unserer Willenskraft, ist ein außerordentlich anspruchsvolles Organ. Obwohl es nur etwa 2% unserer Körpermasse ausmacht, verbraucht es rund 20% unserer Energie. Diese hohen Energieanforderungen machen es besonders anfällig für Mangelzustände.
Schlafmangel hat dabei besonders dramatische Auswirkungen auf unsere Willenskraft. Während des Schlafs

finden essenzielle Regenerationsprozesse in unserem Gehirn statt. Der präfrontale Cortex, unser Willenskraft-Zentrum, ist besonders empfindlich gegenüber Schlafdefiziten. Neurowissenschaftliche Studien zeigen, dass bereits eine Nacht mit zu wenig Schlaf unsere Fähigkeit zur Selbstkontrolle um bis zu 30% reduzieren kann. Dies erklärt, warum wir nach einer schlaflosen Nacht besonders anfällig für impulsive Entscheidungen sind und uns schwerer tun, Versuchungen zu widerstehen.

Die „Willenskraft-raubende" Wirkung schlechter Ernährung manifestiert sich auf mehreren Ebenen. Zunächst gibt es den unmittelbaren Effekt von Blutzuckerschwankungen. Unser Gehirn ist auf einen konstanten Glukosespiegel angewiesen. Wenn dieser durch unausgewogene Ernährung stark schwankt, führt dies zu Konzentrationsschwächen und reduzierter Selbstkontrolle. Langfristig kann eine mangelhafte Ernährung sogar die Struktur und Funktion unseres Gehirns beeinträchtigen.

Dehydration ist ein häufig unterschätzter Faktor für Willensschwäche. Unser Gehirn besteht zu etwa 75% aus Wasser, und bereits ein leichter Flüssigkeitsmangel von 2% kann unsere kognitiven Fähigkeiten merklich beeinträchtigen. Wenn wir dehydriert sind, muss unser Gehirn zusätzliche Energie aufwenden, um seine grundlegenden Funktionen aufrechtzuerhalten. Diese Energie fehlt uns dann für Willenskraft und Selbstkontrolle.

Die Optimierung unserer körperlichen Basis für Willenskraft beginnt mit einem intelligenten Schlafmanagement.

Der Schlüssel liegt in der Etablierung einer konstanten Schlafrhythmik. Unser Gehirn funktioniert am besten, wenn wir jeden Tag zur gleichen Zeit zu Bett gehen und aufstehen. Besonders wichtig ist die Schlafvorbereitung. In den zwei Stunden vor dem Schlafengehen sollten wir eine „digitale Dämmerung" einleiten – eine Phase, in der wir blaues Licht von Bildschirmen reduzieren und bewusst zur Ruhe kommen.

Eine willenskraftfreundliche Ernährung basiert auf dem Prinzip der stabilen Energieversorgung. Statt drei großer Mahlzeiten sind fünf kleinere über den Tag verteilte Mahlzeiten oft vorteilhafter für unsere Willenskraft. Jede Mahlzeit sollte eine ausgewogene Kombination aus komplexen Kohlenhydraten, hochwertigen Proteinen und gesunden Fetten enthalten. Diese Zusammensetzung gewährleistet eine gleichmäßige Energieversorgung unseres Gehirns.

Die Hydrationsstrategie für optimale Willenskraft folgt einem einfachen aber effektiven Schema: Wir beginnen den Tag mit einem großen Glas Wasser, um das nächtliche Flüssigkeitsdefizit auszugleichen. Über den Tag verteilt trinken wir in regelmäßigen Abständen, idealerweise alle zwei Stunden. Besonders wichtig ist das Trinken vor Situationen, die hohe Willenskraft erfordern.

Die Optimierung unserer körperlichen Grundlagen beginnt mit einem systematischen Tracking-System. Das „Körper-Willenskraft-Protokoll" ermöglicht uns, die Zusammenhänge zwischen unserem physischen Zustand

und unserer Willenskraft zu erkennen. Dabei dokumentieren wir über zwei Wochen täglich drei Kernbereiche:
Das Schlafprotokoll erfasst nicht nur die Schlafdauer, sondern auch die Schlafqualität. Wir notieren Einschlaf- und Aufwachzeit, bewerten die Schlafqualität auf einer Skala von 1-10 und dokumentieren besondere Vorkommnisse wie nächtliches Aufwachen. Zusätzlich beobachten wir unsere Willenskraft am folgenden Tag. Diese systematische Beobachtung offenbart oft überraschende Muster – zum Beispiel, dass nicht nur die Schlafmenge, sondern vor allem die Schlafregelmäßigkeit unsere Willenskraft beeinflusst.

Die Ernährungsüberwachung konzentriert sich auf den Zusammenhang zwischen Mahlzeiten und Energieniveau. Wir notieren die Zusammensetzung unserer Mahlzeiten und bewerten unsere mentale Leistungsfähigkeit in den darauffolgenden Stunden. Besonders aufschlussreich ist die Dokumentation von Heißhungerattacken und Willenskraft-Einbrüchen. Oft zeigt sich, dass bestimmte Nahrungskombinationen unsere Willenskraft besonders stärken oder schwächen.

Das Hydrations-Tracking nutzt eine einfache, aber effektive Methode: Wir stellen morgens eine bestimmte Menge Wasser bereit (idealerweise 2-3 Liter) und markieren die Flasche mit Zeitfenstern für den Tag. Dies hilft uns, ein gleichmäßiges Trinkverhalten zu entwickeln. Parallel dazu beobachten wir unsere mentale Klarheit und Entscheidungskraft zu verschiedenen Tageszeiten.

Besonders wichtig ist die Integration dieser Protokolle in unseren Alltag. Ein digitaler oder analoger Tracker kann uns dabei unterstützen, diese Beobachtungen ohne großen Aufwand durchzuführen. Nach zwei Wochen haben wir genügend Daten, um unsere persönlichen Optimierungspotenziale zu erkennen und gezielte Verbesserungen einzuleiten.

Die Erkenntnis, dass unsere Willenskraft eine starke physische Basis hat, verändert grundlegend unseren Umgang mit Selbstkontrolle und mentaler Stärke. Wir haben gesehen, wie Schlafmangel, unausgewogene Ernährung und Dehydration unsere Fähigkeit zur Selbststeuerung dramatisch beeinträchtigen können. Gleichzeitig haben wir praktische Werkzeuge kennengelernt, mit denen wir diese körperliche Basis systematisch stärken können. Die Kombination aus bewusstem Tracking und gezielter Optimierung unserer physischen Grundbedürfnisse schafft die Voraussetzung für nachhaltige Willenskraft.

Diese Erkenntnisse führen uns direkt zum nächsten kritischen Aspekt unserer Willenskraft: unseren inneren Dialog und die Macht limitierender Glaubenssätze. Denn selbst mit einer optimalen körperlichen Grundlage kann unsere Willenskraft durch negative Selbstgespräche und einschränkende Überzeugungen sabotiert werden. In dem folgenden Kapitel werden wir uns damit beschäftigen, wie unsere inneren Dialoge unsere Willenskraft beeinflussen und wie wir diese innere Kommunikation so gestalten können, dass sie unseren Willen stärkt statt schwächt.

Die Verbindung zwischen körperlichem Wohlbefinden und innerem Dialog ist dabei besonders interessant: Ein ausgeruhter, gut versorgter Körper macht uns widerstandsfähiger gegen negative Gedankenmuster, während körperliche Erschöpfung uns anfälliger für selbstsabotierende Gedanken macht.

Negative Selbstgespräche und limitierende Glaubenssätze

Das Gift für den Geist

Stellen Sie sich vor, Sie hätten einen ständigen Begleiter, der Ihnen bei jeder Herausforderung ins Ohr flüstert: „Das schaffst du sowieso nicht" oder „Für sowas bist du nicht stark genug". Genau diese Rolle übernehmen oft unsere negativen Selbstgespräche. Sie sind wie ein unsichtbarer Saboteur, der unsere Willenskraft von innen heraus untergräbt, noch bevor wir sie einsetzen können.

Die Macht unserer inneren Dialoge basiert auf einem faszinierenden neurologischen Mechanismus. Wenn wir mit uns selbst sprechen, ob positiv oder negativ, aktivieren wir dieselben Gehirnareale, die auch bei der Verarbeitung äußerer Kommunikation aktiv sind. Unser Gehirn unterscheidet nicht zwischen einer externen Entmutigung und unserem eigenen negativen Selbstgespräch – es reagiert auf beides mit der Ausschüttung von Stresshormonen, die unsere Willenskraft schwächen.

Besonders tückisch sind die sogenannten „automatischen Gedanken" – jene blitzschnellen, oft unbewussten Selbstkommentare, die unsere Interpretation von Situationen prägen. Wenn wir vor einer Herausforderung stehen und unser erster Gedanke ist „Das wird schwierig", aktiviert dies bereits unsere Stress-Systeme und schwächt unsere Willenskraft, noch bevor wir überhaupt begonnen haben.

Die Macht limitierender Glaubenssätze liegt in ihrer Selbsterfüllenden Prophezeiung. Wenn wir tief drinnen glauben „Ich bin halt willensschwach", werden wir unbewusst nach Beweisen für diese Überzeugung suchen und Situationen so interpretieren, dass sie diese Annahme bestätigen. Dies schafft einen Teufelskreis, in dem unsere negativen Erwartungen tatsächlich zu verminderter Willenskraft führen.

Die Transformation negativer Selbstgespräche beginnt mit bewusster Wahrnehmung. Die „Gedanken-Beobachter-Technik" hilft uns dabei, unseren inneren Dialog objektiver wahrzunehmen. Wir stellen uns vor, wir säßen in einem Theater und beobachteten unsere Gedanken wie Schauspieler auf einer Bühne. Diese Distanzierung ermöglicht es uns, unsere Selbstgespräche nicht mehr als absolute Wahrheit, sondern als veränderbare Interpretationen zu erkennen.

Ein besonders wirksamer Ansatz ist die „Umformulierungs-Strategie". Dabei transformieren wir negative Selbstgespräche in konstruktive Dialoge, ohne dabei unrealistisch positiv zu werden. Wenn zum Beispiel der Gedanke auftaucht „Ich bin zu schwach dafür", können wir ihn umformulieren in „Dies ist eine Herausforderung, die ich Schritt für Schritt angehen kann". Die neue Formulierung erkennt die Schwierigkeit an, öffnet aber gleichzeitig einen Weg zur Lösung.

Die „Beweisführungs-Methode" hilft uns, limitierende Glaubenssätze systematisch zu hinterfragen. Wenn wir denken „Ich habe keine Willenskraft", fordern wir uns selbst auf, Beweise für und gegen diese Annahme zu sammeln. Fast immer finden wir in unserer Vergangenheit Situationen, in denen wir sehr wohl Willenskraft bewiesen haben. Diese Erkenntnis schwächt die Macht des negativen Glaubenssatzes und schafft Raum für eine realistischere Selbsteinschätzung.

Die „Mentor-Stimme-Technik" ist besonders effektiv bei hartnäckigen Selbstzweifeln. Wir überlegen uns, wie ein wohlwollender, weiser Mentor die Situation kommentieren würde. Diese Perspektive hilft uns, einen konstruktiveren inneren Dialog zu entwickeln. Die Mentor-Stimme ist dabei nicht unrealistisch optimistisch, sondern bietet eine ausgewogene, unterstützende Sichtweise an.

Der transformative Prozess erfordert regelmäßige Übung und bewusstes Engagement. Je öfter wir unsere negativen

Selbstgespräche erkennen und umformen, desto automatischer wird dieser Prozess. Mit der Zeit entwickeln wir einen inneren Dialog, der unsere Willenskraft stärkt statt schwächt.

Eine besonders wirkungsvolle Übung ist das „Gedanken-Tagebuch mit Transformation". Diese Übung besteht aus drei Schritten, die täglich durchgeführt werden. Im ersten Schritt notieren wir unsere negativen Selbstgespräche, sobald wir sie bemerken. Dabei achten wir besonders auf die Situationen, in denen sie auftreten, und die Gefühle, die sie auslösen. Im zweiten Schritt analysieren wir die Auswirkungen dieser Gedanken auf unsere Willenskraft. Der dritte und wichtigste Schritt ist die bewusste Transformation: Wir formulieren jeden negativen Gedanken in eine konstruktive, realistische Alternative um.

Die „Erfolgs-Anker-Methode" hilft uns, positive Erfahrungen als Gegenwicht zu negativen Selbstgesprächen zu etablieren. Dabei erinnern wir uns jeden Abend an drei Situationen des Tages, in denen wir Willenskraft bewiesen haben. Diese Erfolge müssen nicht groß sein – auch kleine Momente der Selbstkontrolle zählen. Das Besondere an dieser Übung ist die bewusste Verbindung mit körperlichen Empfindungen: Wir spüren nach, wie sich diese Erfolgsmomente angefühlt haben. Diese körperliche Verankerung macht die positiven Erfahrungen greifbarer und leichter abrufbar.

Eine weitere kraftvolle Übung ist die „Identitäts-Integration". Statt uns nur auf einzelne Gedanken zu konzentrieren, arbeiten wir hier an unserem grundlegenden Selbstbild. Wir formulieren bewusst Sätze, die unsere wachsende Willenskraft als Teil unserer Identität beschreiben: „Ich entwickle mich zu einem Menschen mit starkem Willen" oder „Jede Herausforderung stärkt meine Willenskraft". Das Wichtige dabei ist, dass diese Sätze im Präsens formuliert sind und einen Entwicklungsprozess beschreiben, nicht einen idealisierten Endzustand.

Die „Dialog-Partnerschaft" ist eine soziale Übung, die unsere neuen Denkmuster stabilisiert. Mit einem vertrauenswürdigen Partner tauschen wir uns regelmäßig über unsere inneren Dialoge aus. Dies hat mehrere Vorteile: Zum einen hilft uns die Verbalisierung, unsere Gedankenmuster klarer zu erkennen. Zum anderen können wir von der Perspektive unseres Partners lernen und neue Sichtweisen entdecken. Besonders wertvoll ist der gegenseitige Support bei der Entwicklung konstruktiver Alternativen zu negativen Gedankenmustern.

Die Integration der neuen Denkmuster in unseren Alltag erfordert einen systematischen Ansatz. Eine bewährte Methode ist die „Drei-Zeiten-Praxis". Dabei nehmen wir uns dreimal täglich einen kurzen Moment - morgens, mittags und abends - um unseren inneren Dialog bewusst wahrzunehmen und gegebenenfalls anzupassen. Diese regelmäßigen Checkpoints helfen uns, negative Gedankenmuster frühzeitig zu erkennen und umzulenken, bevor sie sich auf unsere Willenskraft auswirken können.

Die nachhaltige Veränderung unserer Selbstgespräche ist eng verbunden mit unseren täglichen Routinen. Besonders effektiv ist die Verbindung mit bereits etablierten Gewohnheiten. Zum Beispiel können wir das Händewaschen als Trigger nutzen, um kurz innezuhalten und unseren inneren Dialog zu überprüfen. Diese Verknüpfung mit alltäglichen Handlungen macht die Selbstreflektion zu einem natürlichen Teil unseres Tagesablaufs.

Die Transformation unserer Selbstgespräche ist ein fortlaufender Prozess, der Zeit und Geduld erfordert. Wie bei einem Garten, den wir pflegen, geht es nicht darum, negative Gedanken sofort auszureißen, sondern darum, kontinuierlich neue, konstruktive Denkmuster zu kultivieren. Mit der Zeit werden diese positiven Muster stärker und verdrängen allmählich die alten, limitierenden Glaubenssätze.

Dies führt uns direkt zum nächsten wichtigen Aspekt unserer Willenskraft: der Prokrastination und mangelnden Planung. Denn selbst mit einem positiven inneren Dialog können wir uns selbst sabotieren, wenn wir wichtige Aufgaben ständig aufschieben. Im folgenden Kapitel werden wir untersuchen, wie Prokrastination unsere Willenskraft untergräbt und wie wir diesem „Teufelskreis des Aufschiebens" effektiv begegnen können.

Die Verbindung zwischen unseren Selbstgesprächen und der Tendenz zur Prokrastination ist dabei besonders interessant. Oft sind es gerade negative innere Dialoge, die uns dazu bringen, Aufgaben aufzuschieben. Wenn wir lernen, diese inneren Saboteure zu erkennen und zu transformieren, schaffen wir eine wichtige Grundlage für die Überwindung von Prokrastination.

Prokrastination und mangelnde Planung

Der Teufelskreis des Aufschiebens
Die Prokrastination ist wie ein unsichtbarer Dieb, der nicht nur unsere Zeit, sondern auch unsere Willenskraft stiehlt. Wenn wir Aufgaben aufschieben, entsteht ein faszinierender psychologischer Mechanismus: Zunächst erleben wir eine kurzfristige Erleichterung, wenn wir einer unangenehmen Aufgabe ausweichen. Diese momentane Entlastung wirkt wie eine Belohnung und verstärkt unser Aufschiebeverhalten. Doch gleichzeitig wächst im Hintergrund ein Berg unerledigter Aufgaben, der zunehmend Energie bindet und unsere Willenskraft belastet.
Die Neurowissenschaft hat gezeigt, dass Prokrastination eng mit unserem Belohnungssystem im Gehirn verbunden ist. Wenn wir vor einer herausfordernden Aufgabe stehen, aktiviert unser Gehirn die Amygdala, unser emotionales Alarmsystem. Diese emotionale Reaktion kann so stark sein, dass sie unseren präfrontalen Cortex, das Zentrum unserer Willenskraft, regelrecht überstimmt. Das Ergebnis ist ein automatischer Ausweichreflex – wir schieben die

Aufgabe auf und wenden uns angenehmeren Aktivitäten zu.

Besonders tückisch ist der Zusammenhang zwischen Prokrastination und Perfektionismus. Oft schieben wir Aufgaben auf, weil wir sie „perfekt" erledigen wollen und uns vor möglichem Scheitern fürchten. Diese überhöhten Ansprüche erzeugen einen lähmenden Druck, der unsere Willenskraft zusätzlich schwächt. Es entsteht ein sich selbst verstärkender Kreislauf: Je länger wir aufschieben, desto größer wird der Druck, desto wahrscheinlicher wird weiteres Aufschieben.

Die Überwindung von Prokrastination beginnt mit dem Verständnis des psychologischen Mechanismus der „Implementierungslücke". Diese beschreibt die Kluft zwischen unserer Absicht, etwas zu tun, und der tatsächlichen Ausführung. Um diese Lücke zu schließen, nutzen wir die „Mikro-Start-Methode". Anstatt uns auf die gesamte Aufgabe zu fokussieren, definieren wir einen winzigen ersten Schritt, der so klein ist, dass er kaum Willenskraft erfordert. Wenn wir beispielsweise einen wichtigen Bericht schreiben müssen, könnte der Mikro-Start darin bestehen, einfach nur das Dokument zu öffnen und eine Überschrift zu tippen.

Die „Momentum-Strategie" nutzt ein faszinierendes Prinzip der Physik und überträgt es auf unsere psychologische Dynamik. Wie ein Körper in Bewegung dazu neigt, in Bewegung zu bleiben, entwickeln auch wir eine Art psychologisches Momentum, wenn wir erst einmal begonnen haben. Der Trick liegt darin, dieses Momentum bewusst aufzubauen, indem wir nach dem Mikro-Start direkt einen weiteren kleinen Schritt anhängen. Unser Gehirn registriert diese frühen Erfolge und schüttet motivierende Neurotransmitter aus, die uns helfen, im Flow zu bleiben.

Ein weiterer wichtiger Aspekt ist die „Energiekurven-Anpassung". Viele Menschen versuchen, schwierige Aufgaben dann anzugehen, wenn ihre Willenskraft bereits erschöpft ist. Stattdessen identifizieren wir unsere natürlichen Hochphasen – Zeiten, in denen unsere Energie und Konzentration am stärksten sind – und planen anspruchsvolle Aufgaben gezielt in diese Zeitfenster. Diese Synchronisation mit unserem natürlichen Biorhythmus macht es wesentlich leichter, Prokrastination zu überwinden.

Die „Aufschub-Analyse" hilft uns, die tieferen Ursachen unserer Prokrastination zu verstehen. Dabei untersuchen wir systematisch drei Ebenen: die emotionale (Welche Gefühle löst die Aufgabe aus?), die kognitive (Welche Gedanken und Überzeugungen sind beteiligt?) Und die praktische Ebene (Welche konkreten Hindernisse stehen im Weg?). Dieses tiefere Verständnis ermöglicht es uns, gezielte Gegenstrategien zu entwickeln.

Die „Zwei-Minuten-Regel" ist ein besonders effektives Werkzeug im täglichen Kampf gegen das Aufschieben.

Diese Regel besagt, dass wir jede Aufgabe, die weniger als zwei Minuten benötigt, sofort erledigen. Der tiefere Sinn dieser Regel geht über die unmittelbare Produktivität hinaus. Sie hilft uns, ein neues Verhaltensmuster zu etablieren, das Prokrastination aktiv entgegenwirkt. Jede sofort erledigte Kleinaufgabe stärkt unser Selbstbild als handlungsfähige Person und reduziert die mentale Last unerledigter Aufgaben.

Die „Eisenhower-Matrix" bietet uns einen strukturierten Rahmen für die Priorisierung unserer Aufgaben. Dabei ordnen wir jede Aufgabe nach ihrer Dringlichkeit und Wichtigkeit ein. Besonders aufschlussreich ist dabei die Beobachtung, dass wir oft dringende aber unwichtige Aufgaben den wichtigen, aber nicht dringenden vorziehen. Diese Erkenntnis hilft uns, unsere Willenskraft gezielter für wirklich bedeutsame Aufgaben einzusetzen. Die Matrix wird zu einem täglichen Planungswerkzeug, das uns hilft, bewusste Entscheidungen über unseren Fokus zu treffen.

Die „Pomodoro-Technik" transformieren wir in ein flexibles Willenskraft-Management-Tool. Statt starr an 25-Minuten-Intervallen festzuhalten, passen wir die Zeitblöcke an unsere persönliche Konzentrationsspanne an. Entscheidend ist dabei die klare Strukturierung: Arbeitsphase, kurze Pause, Reflexion. Diese Rhythmisierung hilft unserem Gehirn, sich auf überschaubare Zeiträume einzustellen und reduziert die psychologische Hürde, mit einer Aufgabe zu beginnen.

Ein besonders wirkungsvolles Werkzeug ist das „Fortschritts-Tracking". Dabei visualisieren wir unseren Fortschritt auf eine Weise, die selbst kleine Schritte sichtbar macht. Dies kann durch eine einfache Fortschrittsleiste, ein Habit-Tracking-System oder eine persönliche „Erfolgslandkarte" geschehen. Die visuelle Darstellung unserer Fortschritte aktiviert das Belohnungssystem unseres Gehirns und schafft einen positiven Feedbackkreislauf, der Prokrastination entgegenwirkt.

Die „Energiebilanz-Methode" hilft uns, unsere Willenskraft optimal einzusetzen. Wir führen über eine Woche ein Energie-Tagebuch, in dem wir unsere Leistungskurve dokumentieren. Wann sind wir besonders fokussiert? Wann erleben wir Energietiefs? Diese Erkenntnisse nutzen wir, um unsere wichtigsten Aufgaben in Hochenergiephasen zu planen und in Tiefphasen leichtere Tätigkeiten zu erledigen.

Die erfolgreiche Überwindung von Prokrastination erfordert einen durchdachten Tagesrhythmus, der unsere natürlichen Energiekurven berücksichtigt. Ein effektiver Tag beginnt bereits am Vorabend mit der „Vorbereitungs-Phase". In dieser Zeit treffen wir alle Vorbereitungen, die uns den Start in den nächsten Tag erleichtern. Dies kann das Bereitlegen von Arbeitsmaterialien sein, das Aufschreiben der drei wichtigsten Aufgaben für den nächsten Tag oder das Beseitigen möglicher Hindernisse, die uns zum Aufschieben verleiten könnten.

Der Morgen beginnt mit der „Aktivierungs-Routine". In den ersten 30 Minuten des Tages vermeiden wir bewusst alle ablenkenden Einflüsse wie E-Mails oder soziale Medien. Stattdessen nutzen wir diese Zeit, um uns mental auf den Tag einzustimmen und mit einer kleinen, aber bedeutsamen Aufgabe zu beginnen. Diese frühe Erfolgserfahrung schafft positives Momentum für den weiteren Tagesverlauf.

Im Laufe des Tages wenden wir das „Energie-Block-System" an. Basierend auf unserer persönlichen Energiekurve teilen wir den Tag in drei Arten von Zeitblöcken ein: Hochenergie-Blöcke für anspruchsvolle Aufgaben, die viel Willenskraft erfordern, mittlere Blöcke für Routineaufgaben und Niederenergie-Blöcke für leichte, aber notwendige Tätigkeiten. Diese Struktur hilft uns, die richtige Aufgabe zum richtigen Zeitpunkt anzugehen.

Der Übergang zum nächsten Kapitel ergibt sich natürlich aus der Erkenntnis, dass selbst die beste Planung und Prokrastinationsbekämpfung durch soziale Isolation erschwert werden kann. Im nächsten Kapitel werden wir untersuchen, wie Einsamkeit unsere Willenskraft schwächt und wie wichtig ein unterstützendes soziales Umfeld für die Entwicklung und Aufrechterhaltung eines starken Willens ist.

Isolation und mangelnde soziale Unterstützung

Einsamkeit macht schwach

Der Mensch ist von Natur aus ein soziales Wesen, und diese fundamentale Wahrheit spiegelt sich auch in der Funktionsweise unserer Willenskraft wider. Die Neurowissenschaft hat in den letzten Jahren faszinierende Erkenntnisse über die Verbindung zwischen sozialer Isolation und mentaler Stärke geliefert. Wenn wir uns isoliert fühlen, verändert sich die Chemie unseres Gehirns auf eine Weise, die unsere Fähigkeit zur Selbstregulation und Willenskraft direkt beeinträchtigt.

Soziale Isolation wirkt wie ein schleichender Energieräuber auf unseren Willen. Unser Gehirn interpretiert soziale Isolation als eine Form von Bedrohung, was zu einer erhöhten Ausschüttung von Stresshormonen führt. Diese biochemische Stressreaktion verbraucht kontinuierlich Energie, die uns dann für willentliche Entscheidungen und Selbstkontrolle fehlt. Es ist, als würde unser Gehirn im Hintergrund ständig einen Teil seiner Ressourcen für die Bewältigung der wahrgenommenen sozialen Bedrohung reservieren.

Besonders interessant ist die Rolle des Spiegelneuronensystems in diesem Zusammenhang. Diese speziellen Nervenzellen werden aktiviert, wenn wir andere Menschen bei zielgerichtetem Handeln beobachten. Sie sind gewissermaßen unser neurobiologisches „Nachahmungssystem". Wenn wir isoliert sind, fehlt unserem Gehirn dieser wichtige Input. Wir verlieren den motivierenden und lehrreichen Effekt, den das Beobachten willensstarker Vorbilder auf uns haben kann.

Die negativen Auswirkungen sozialer Isolation verstärken sich durch einen Teufelskreis: Je isolierter wir uns fühlen, desto schwächer wird unsere Willenskraft, was wiederum dazu führen kann, dass wir uns noch stärker zurückziehen. Dieser sich selbst verstärkende Kreislauf kann unsere Fähigkeit zur Selbstregulation dramatisch beeinträchtigen.

Die Entwicklung eines unterstützenden sozialen Netzwerks beginnt mit dem Verständnis verschiedener Unterstützungsebenen. Wie ein gut konstruiertes Gebäude braucht auch unsere soziale Unterstützung ein solides Fundament und verschiedene tragende Säulen. Die erste Ebene bilden enge Vertrauensbeziehungen - Menschen, mit denen wir offen über unsere Ziele und Herausforderungen sprechen können. Diese tieferen Bindungen schaffen einen sicheren Raum, in dem wir auch Momente der Schwäche zeigen und gemeinsam Lösungen entwickeln können.

Die zweite Ebene besteht aus Menschen, die ähnliche Ziele verfolgen. Diese „Willenskraft-Partner" verstehen unsere spezifischen Herausforderungen aus eigener Erfahrung. Die Kraft dieser Verbindungen liegt in der geteilten Erfahrung und dem gegenseitigen Verständnis. Wenn wir beispielsweise mit jemandem zusammenarbeiten, der ebenfalls an seiner Willenskraft arbeitet, entsteht eine natürliche Motivation durch den gemeinsamen Weg.

Eine besonders wertvolle Form der sozialen Unterstützung kommt von Mentoren oder Vorbildern. Diese Menschen haben bereits erfolgreich den Weg gemeistert, den wir gerade beschreiten. Ihre Erfahrung kann uns wie eine Landkarte durch schwieriges Terrain führen. Die Beobachtung ihrer erfolgreichen Strategien aktiviert unser Spiegelneuronensystem und hilft uns, effektivere Verhaltensweisen zu entwickeln.

Die „Netzwerk-Aktivierungs-Strategie" hilft uns, diese verschiedenen Unterstützungsebenen systematisch aufzubauen. Dabei gehen wir in drei Schritten vor: Zunächst identifizieren wir potenzielle Unterstützer in unserem bestehenden Umfeld. Dann entwickeln wir klare Vorstellungen davon, welche Art von Unterstützung wir benötigen und anbieten können. Schließlich schaffen wir konkrete Gelegenheiten für regelmäßigen Austausch und gegenseitige Unterstützung.

Die erfolgreiche Pflege sozialer Unterstützungsbeziehungen basiert auf dem Prinzip der bewussten Gegenseitigkeit. Wie in einem gut gepflegten Garten müssen wir regelmäßig Zeit und Aufmerksamkeit investieren, damit unsere sozialen Verbindungen gedeihen können. Die „Beziehungs-Investment-Methode" hilft uns dabei, diesen Prozess systematisch zu gestalten. Wir reservieren bewusst Zeit für regelmäßige Kontakte, sei es durch wöchentliche Check-ins, gemeinsame Aktivitäten oder strukturierte Gespräche über unsere Fortschritte und Herausforderungen.

Besonders wertvoll für die Stärkung unserer Willenskraft sind „Accountability-Partnerschaften". Diese funktionieren am besten, wenn wir klare Vereinbarungen treffen: Wie oft wollen wir uns austauschen? In welcher Form geben wir uns gegenseitig Feedback? Wie gehen wir mit Rückschlägen um? Diese Klarheit schafft einen verlässlichen Rahmen, in dem beide Partner wachsen können. Der regelmäßige Austausch hilft uns nicht nur, auf Kurs zu bleiben, sondern bietet auch die Möglichkeit, von den Erfahrungen und Einsichten des anderen zu lernen.

Die „Erfahrungs-Sharing-Praxis" ist ein weiteres wichtiges Element. Dabei geht es darum, sowohl Erfolge als auch Herausforderungen offen zu teilen. Wenn wir von unseren Erfolgen berichten, inspirieren wir andere und stärken gleichzeitig unser eigenes Selbstvertrauen. Das Teilen von Schwierigkeiten hingegen ermöglicht es uns, gemeinsam Lösungen zu entwickeln und zu erkennen, dass wir mit unseren Kämpfen nicht allein sind. Diese Offenheit schafft eine Atmosphäre des Vertrauens und der gegenseitigen Unterstützung.

Ein oft übersehener Aspekt ist die „digitale Gemeinschaftspflege". In unserer vernetzten Welt können Online-Gemeinschaften eine wertvolle Ergänzung zu persönlichen Kontakten sein. Der Schlüssel liegt darin, diese digitalen Verbindungen bewusst und aktiv zu gestalten. Statt passiv Beiträge zu konsumieren, engagieren wir uns aktiv, teilen unsere Erfahrungen und bieten anderen Unterstützung an. Diese Form der sozialen Interaktion kann besonders wertvoll sein, wenn wir Menschen mit ähnlichen Zielen in unserem unmittelbaren Umfeld schwer finden.

Die Integration sozialer Unterstützung in unseren Alltag erfordert eine bewusste und systematische Herangehensweise. Ähnlich wie wir unsere physischen Trainingseinheiten planen, sollten wir auch regelmäßige „soziale Trainingseinheiten" in unseren Zeitplan einbauen. Diese können verschiedene Formen annehmen: Ein wöchentliches Treffen mit unserem Accountability-Partner, ein monatlicher Austausch in einer Mentoring-Gruppe oder tägliche kurze Check-ins mit unserem engsten Unterstützungskreis.

Die Qualität dieser sozialen Interaktionen ist dabei wichtiger als ihre Quantität. Ein tiefgehendes Gespräch über unsere Ziele und Herausforderungen kann mehr bewirken als zahlreiche oberflächliche Kontakte. Besonders wertvoll sind Momente des gemeinsamen Lernens und Wachsens. Wenn wir beispielsweise mit einem Partner zusammen an unseren Zielen arbeiten, entsteht eine positive Dynamik gegenseitiger Motivation und Inspiration.

Ein entscheidender Aspekt ist die Balance zwischen Geben und Nehmen in unseren Unterstützungsbeziehungen. Indem wir anderen bei ihren Herausforderungen helfen, stärken wir nicht nur unsere sozialen Bindungen, sondern auch unsere eigene Willenskraft. Das Weitergeben unserer Erfahrungen und das Anbieten von Unterstützung aktiviert in unserem Gehirn Bereiche, die mit Selbstwirksamkeit und positiver Selbstwahrnehmung verbunden sind.

Dies führt uns direkt zu dem Kapitel, das sich mit einem weiteren kritischen Aspekt der Willenskraft beschäftigt: dem häufigen Nachgeben gegenüber Versuchungen. Denn während ein starkes soziales Netzwerk uns Unterstützung bietet, sind wir im täglichen Kampf mit Verlockungen und kurzfristigen Belohnungen oft auf uns allein gestellt. Die Fähigkeit, Versuchungen zu widerstehen, ist eine zentrale Komponente der Willenskraft, die besondere Aufmerksamkeit verdient.

Häufiges Nachgeben gegenüber Versuchungen

Der Weg des geringsten Widerstands

Der Kampf zwischen kurzfristigen Verlockungen und langfristigen Zielen ist eine der größten Herausforderungen für unsere Willenskraft. Um diesen Konflikt besser zu verstehen, betrachten wir zunächst, wie unser Gehirn mit Versuchungen umgeht. Wenn wir einer Verlockung begegnen, aktivieren sich zwei konkurrierende Systeme in unserem Gehirn: Das impulsive System, das nach sofortiger Belohnung strebt, und das reflektive System, das langfristige Konsequenzen abwägt.

Das impulsive System arbeitet schnell und automatisch. Es reagiert emotional auf Reize und ist evolutionär darauf programmiert, unmittelbare Belohnungen zu bevorzugen. Dies war in unserer evolutionären Vergangenheit sinnvoll, als Ressourcen knapp waren und sofortige Bedürfnisbefriedigung überlebenswichtig sein konnte. In unserer modernen Welt des Überflusses wird diese Neigung jedoch oft zum Problem.

Das reflektive System hingegen arbeitet langsamer und bewusster. Es kann die Zukunft antizipieren, Konsequenzen abwägen und ist die Quelle unserer Willenskraft. Dieses System verbraucht jedoch mehr Energie und ermüdet schneller. Wenn wir gestresst, müde oder emotional belastet sind, verliert das reflektive System oft den Kampf gegen das impulsive System.

Die „Willenskraft-Falle" von Suchtverhalten und ungesunden Gewohnheiten entsteht durch einen sich selbst verstärkenden Kreislauf: Jedes Nachgeben gegenüber einer Versuchung schwächt unsere Selbstkontrolle für zukünftige Situationen, während es gleichzeitig die neuronalen Bahnen des impulsiven Verhaltens stärkt.

Die moderne Neurowissenschaft hat uns wertvolle Erkenntnisse über effektive Strategien im Umgang mit Versuchungen geliefert. Eine besonders wirksame Technik ist die „Vorausschauende Distanzierung". Dabei lernen wir, eine Versuchung nicht als unmittelbare Bedrohung unserer Willenskraft zu sehen, sondern als vorhersehbares Ereignis, auf das wir uns vorbereiten können. Wenn wir beispielsweise wissen, dass wir nach einem stressigen Arbeitstag besonders anfällig für bestimmte Verlockungen sind, können wir im Voraus Strategien entwickeln, um diese kritische Zeit zu überbrücken.

Die „Verzögerungs-Strategie" nutzt eine interessante Eigenschaft unseres Belohnungssystems. Unser Gehirn gewichtet unmittelbare Belohnungen unverhältnismäßig stark gegenüber zukünftigen Vorteilen. Wenn wir jedoch lernen, eine kleine zeitliche Verzögerung zwischen dem Impuls und der möglichen Handlung einzubauen, schwächt sich die Macht der Versuchung oft von selbst ab. Eine bewährte Methode ist die „10-Minuten-Regel": Wir vereinbaren mit uns selbst, mindestens zehn Minuten zu warten, bevor wir einer Versuchung nachgeben. In dieser Zeit kann unser reflektives System die Kontrolle zurückgewinnen.

Besonders effektiv ist die „Wenn-Dann-Planung" für den Umgang mit Versuchungen. Diese Technik programmiert unser Gehirn im Voraus auf bestimmte Reaktionen. Statt uns in der Situation selbst eine Strategie überlegen zu müssen, haben wir bereits einen klaren Handlungsplan. Zum Beispiel: „Wenn ich am Süßigkeitenregal vorbeikomme, dann gehe ich direkt zur Obstabteilung." Diese vorprogrammierten Reaktionen benötigen weniger Willenskraft als spontane Entscheidungen in der Situation selbst.

Die „Umgebungs-Optimierung" ist eine weitere wissenschaftlich fundierte Strategie. Unser Gehirn reagiert stark auf Umgebungsreize, und oft ist es leichter, unsere Umgebung zu verändern als unsere unmittelbaren Reaktionen zu kontrollieren. Indem wir potenzielle Versuchungen aus unserem direkten Umfeld entfernen, reduzieren wir die Anzahl der Situationen, in denen wir aktive Willenskraft aufbringen müssen.

Das „Versuchungs-Tagebuch" ist ein leistungsstarkes Werkzeug zur Entwicklung besserer Bewältigungsstrategien. In diesem Tagebuch dokumentieren wir nicht nur die Situationen, in denen wir Versuchungen begegnen, sondern analysieren auch die genauen Umstände und unsere emotionale Verfassung. Diese systematische Beobachtung hilft uns, Muster zu erkennen und vorausschauend zu handeln. Besonders aufschlussreich ist dabei die Dokumentation der Tageszeit, des Energielevels und der vorausgehenden Ereignisse.

Die „Belohnungsaufschub-Übung" trainiert systematisch unsere Fähigkeit, kurzfristigen Verlockungen zu widerstehen. Wir beginnen mit kleinen, kontrollierbaren Situationen und steigern schrittweise die Herausforderung. Ein Beispiel: Wenn wir gerne sofort auf Nachrichten reagieren, üben wir zunächst, eine Minute zu warten, bevor wir antworten. Nach erfolgreicher Etablierung dieser Gewohnheit verlängern wir die Wartezeit schrittweise.

Diese graduellen Steigerungen bauen unsere „Verzögerungsmuskel" auf, ohne uns zu überfordern.

Die „Konfrontations-Technik" nutzt einen scheinbar paradoxen Ansatz: Statt Versuchungen zu vermeiden, setzen wir uns ihnen bewusst aus, allerdings unter kontrollierten Bedingungen. Ähnlich wie ein Immunsystem durch kontrollierte Exposition gegenüber Krankheitserregern stärker wird, können wir unsere Widerstandskraft durch bewusste Konfrontation mit Versuchungen stärken. Wichtig ist dabei, dass wir diese Übungen in Momenten hoher Willenskraft durchführen und klare Strategien für den Umgang mit der Versuchung haben.

Ein besonders wirksames Element ist die „Werte-Verbindungs-Übung". Hier verknüpfen wir den Widerstand gegen Versuchungen bewusst mit unseren tieferen Werten und langfristigen Zielen. Wenn wir beispielsweise der Versuchung widerstehen wollen, abends noch lange am Smartphone zu bleiben, verbinden wir diese Entscheidung nicht nur mit dem unmittelbaren Ziel besseren Schlafs, sondern auch mit übergeordneten Werten wie Gesundheit, Achtsamkeit oder der Fähigkeit, morgens für unsere Familie präsent zu sein.

Die nachhaltige Integration dieser Strategien in unseren Lebensstil erfordert ein tiefes Verständnis dafür, dass der Umgang mit Versuchungen keine reine Willensfrage ist, sondern eine Fähigkeit, die systematisch entwickelt werden kann. Ähnlich wie ein Athlet nicht nur während des Wettkampfs trainiert, sollten wir unsere Widerstandskraft gegen Versuchungen kontinuierlich stärken. Dies geschieht durch die bewusste Etablierung von „Willenskraft-Routinen" in unserem Alltag.

Eine besonders effektive Routine ist das „Tägliche Willenskraft-Investment". Dabei wählen wir jeden Tag mindestens eine Situation, in der wir bewusst einer Versuchung widerstehen, auch wenn wir ihr nachgeben könnten. Diese freiwillige Übung stärkt unsere Selbstkontrolle und schafft ein Gefühl der Selbstwirksamkeit. Mit der Zeit entwickeln wir eine Art „Versuchungs-Immunität" - nicht weil die Verlockungen schwächer werden, sondern weil unsere Fähigkeit, mit ihnen umzugehen, wächst.

Dies führt uns direkt zu Kapitel Burnout, das sich mit einem weiteren kritischen Aspekt unserer Willenskraft beschäftigt: Burnout und Überforderung. Denn während wir lernen, Versuchungen zu widerstehen, müssen wir auch darauf achten, unsere Willenskraft nicht durch übermäßige Anstrengung zu erschöpfen. Die Balance zwischen Herausforderung und Regeneration ist entscheidend für langfristige Willensstärke.

Burnout und Überforderung

Wenn die Batterien leer sind

Der Zusammenhang zwischen Burnout und Willenskraft ist besonders tückisch, weil er oft erst erkannt wird, wenn es bereits zu spät ist. Stellen wir uns unsere Willenskraft wie einen Akku vor, der nicht nur täglich, sondern auch langfristig eine begrenzte Kapazität hat. Während wir die täglichen Schwankungen unserer Willenskraft meist gut wahrnehmen können, schleicht sich die langfristige Erschöpfung oft unbemerkt an.

Die Neurowissenschaft hat uns gezeigt, dass chronische Überforderung tiefgreifende Veränderungen in unserem Gehirn bewirkt. Der präfrontale Cortex, unser Zentrum für Willenskraft und Selbstregulation, zeigt bei Menschen im Burnout eine deutlich reduzierte Aktivität. Gleichzeitig erhöht sich die Aktivität in den Hirnregionen, die für Stress und emotionale Reaktionen zuständig sind. Dies erklärt, warum Menschen im Burnout oft das Gefühl haben, ihre Selbstkontrolle zu verlieren.

Besonders gefährlich ist der „Perfektionismus-Burnout-Zyklus". Menschen mit hohen Ansprüchen an sich selbst neigen dazu, ihre Willenskraft übermäßig zu beanspruchen. Sie ignorieren oft die frühen Warnsignale der Erschöpfung und treiben sich weiter an. Dies führt zu einem Teufelskreis: Je erschöpfter wir sind, desto mehr Willenskraft benötigen wir für alltägliche Aufgaben, was wiederum zu noch stärkerer Erschöpfung führt.

Die Erschöpfung unserer Willenskraft kündigt sich durch subtile, aber charakteristische Warnsignale an. Ein erstes wichtiges Anzeichen ist die zunehmende Schwierigkeit, selbst einfache Entscheidungen zu treffen. Wenn die Wahl des Mittagessens oder der Kleidung für den Tag plötzlich zu einer überwältigenden Aufgabe wird, ist dies oft ein Hinweis darauf, dass unser Entscheidungssystem überlastet ist. Unser Gehirn versucht, Energie zu sparen, indem es selbst alltägliche Entscheidungen als zu anstrengend einstuft.

Ein weiteres charakteristisches Merkmal ist die emotionale Überreaktion auf kleine Herausforderungen. Wenn normale Alltagssituationen, die wir sonst gut meistern, plötzlich intensive emotionale Reaktionen auslösen, deutet dies auf eine erschöpfte Selbstregulationsfähigkeit hin. Unser emotionales Kontrollsystem, das eng mit unserer Willenskraft verbunden ist, kann die Reize nicht mehr angemessen filtern und dämpfen.

Die Intervention bei drohender Willenskraft-Erschöpfung beginnt mit dem „Notfall-Stopp-Protokoll". Ähnlich wie ein Pilot bei Gefahr zunächst die wichtigsten Systeme überprüft, konzentrieren wir uns auf drei Kernbereiche:

Sofortige Reduzierung der Willensanforderungen: Wir identifizieren alle nicht essenziellen Aufgaben und Entscheidungen und verschieben oder delegieren sie. Dies schafft einen „Willenskraft-Puffer" für die wichtigsten Funktionen.

Aktivierung des Regenerationssystems: Wir führen bewusst Aktivitäten ein, die keine Willenskraft erfordern, aber unsere Energiereserven wieder auffüllen. Dies können Naturerlebnisse, leichte körperliche Bewegung oder kreative Tätigkeiten ohne Leistungsdruck sein.

Überprüfung unserer Grundbedürfnisse: Oft vernachlässigen wir in Phasen der Überforderung unsere fundamentalen Bedürfnisse nach Schlaf, ausgewogener Ernährung und sozialer Verbindung. Die Wiederherstellung dieser Grundlagen hat höchste Priorität.

Die nachhaltige Prävention von Willenskraft-Erschöpfung erfordert ein tiefgreifendes Verständnis unserer persönlichen Energiebilanz. Ähnlich wie ein gut geführtes Unternehmen nicht nur die täglichen Ausgaben, sondern auch die langfristigen Investitionen im Blick behält, müssen wir lernen, unsere Willenskraft-Ressourcen strategisch zu managen. Ein effektives Werkzeug dafür ist das „Energie-Bilanz-System".

Dieses System basiert auf dem Prinzip der drei Energiekonten. Das erste Konto ist unser tägliches Willenskraft-Budget, das wir für unmittelbare Anforderungen nutzen. Das zweite Konto ist unsere mittelfristige Energiereserve, die uns hilft, anspruchsvollere Phasen zu bewältigen. Das dritte Konto ist unsere langfristige Willenskraft-Kapazität, die wir durch regelmäßige „Investments" in Form von Erholung, persönlichem Wachstum und positiven Erfahrungen aufbauen.

Die „Grenzen-Kultur" spielt eine zentrale Rolle bei der Burnout-Prävention. In unserer leistungsorientierten Gesellschaft wird die Fähigkeit, Grenzen zu setzen, oft als Schwäche missverstanden. Dabei ist genau das Gegenteil der Fall: Das bewusste Setzen und Kommunizieren von Grenzen ist ein Zeichen emotionaler Intelligenz und starker Selbstführung. Wir entwickeln klare Kriterien dafür, welche Anforderungen wir annehmen und welche wir ablehnen, basierend auf unseren Werten und unserer aktuellen Energiebilanz.

Ein besonders wirksames Präventionsinstrument ist das „Regenerations-Ritual". Anders als spontane Erholungsphasen, die oft erst nach Erschöpfung eingelegt werden, sind Rituale fest in unseren Alltag integrierte Praktiken der Selbstfürsorge. Diese Rituale können klein sein - wie eine tägliche Meditation von zehn Minuten - müssen aber konsequent eingehalten werden. Sie funktionieren wie regelmäßige Wartungsarbeiten an einem komplexen Maschinensystem und verhindern die schleichende Akkumulation von Erschöpfung.

Die effektive Integration von Präventionsstrategien in unseren Alltag beginnt mit der „Drei-Ebenen-Achtsamkeit". Diese Übung hilft uns, frühzeitig Anzeichen von Überforderung zu erkennen und angemessen darauf zu reagieren. Auf der körperlichen Ebene achten wir auf Signale wie Verspannungen, Müdigkeit oder veränderte Schlafmuster. Auf der emotionalen Ebene beobachten wir unsere Stimmungsschwankungen und Reaktionen auf alltägliche Herausforderungen. Auf der mentalen Ebene registrieren wir Veränderungen in unserer Konzentrationsfähigkeit und Entscheidungsfreude.

Die „Energiequellen-Kartierung" ist eine weitere zentrale Übung. Dabei erstellen wir eine persönliche Landkarte unserer Aktivitäten und deren Auswirkungen auf unsere Energie. Manche Tätigkeiten sind Energiegeber - sie füllen unsere Reserven auf, auch wenn sie vielleicht anstrengend erscheinen. Andere Aktivitäten sind Energienehmer - sie erschöpfen uns, selbst wenn sie oberflächlich betrachtet nicht besonders fordernd wirken. Diese Kartierung ermöglicht es uns, unseren Alltag bewusster zu gestalten und eine ausgewogene Balance zwischen energiegebenden und energienehmenden Aktivitäten herzustellen.

Besonders wichtig ist die „Perfektionismus-Transformation". Diese Übung hilft uns, unsere hohen Ansprüche nicht aufzugeben, sondern in eine gesündere Form zu überführen. Statt eines starren „Alles oder Nichts"-Denkens entwickeln wir ein flexibleres „Gut genug"-Kriterium für verschiedene Lebensbereiche. Wir lernen zu unterscheiden, wo Exzellenz wirklich wichtig ist und wo eine 80-Prozent-Lösung völlig ausreicht. Diese differenzierte Herangehensweise schont unsere Willenskraft-Reserven, ohne unsere Qualitätsansprüche zu verraten.

Die effektive Integration von Präventionsstrategien in unseren Alltag beginnt mit der „Drei-Ebenen-Achtsamkeit". Diese Übung hilft uns, frühzeitig Anzeichen von

Überforderung zu erkennen und angemessen darauf zu reagieren. Auf der körperlichen Ebene achten wir auf Signale wie Verspannungen, Müdigkeit oder veränderte Schlafmuster. Auf der emotionalen Ebene beobachten wir unsere Stimmungsschwankungen und Reaktionen auf alltägliche Herausforderungen. Auf der mentalen Ebene registrieren wir Veränderungen in unserer Konzentrationsfähigkeit und Entscheidungsfreude.

Die „Energiequellen-Kartierung" ist eine weitere zentrale Übung. Dabei erstellen wir eine persönliche Landkarte unserer Aktivitäten und deren Auswirkungen auf unsere Energie. Manche Tätigkeiten sind Energiegeber - sie füllen unsere Reserven auf, auch wenn sie vielleicht anstrengend erscheinen. Andere Aktivitäten sind Energienehmer - sie erschöpfen uns, selbst wenn sie oberflächlich betrachtet nicht besonders fordernd wirken. Diese Kartierung ermöglicht es uns, unseren Alltag bewusster zu gestalten und eine ausgewogene Balance zwischen energiegebenden und energienehmenden Aktivitäten herzustellen.

Besonders wichtig ist die „Perfektionismus-Transformation". Diese Übung hilft uns, unsere hohen Ansprüche nicht aufzugeben, sondern in eine gesündere Form zu überführen. Statt eines starren „Alles oder Nichts"-Denkens entwickeln wir ein flexibleres „Gut genug"-Kriterium für verschiedene Lebensbereiche. Wir lernen zu unterscheiden, wo Exzellenz wirklich wichtig ist und wo eine 80-Prozent-Lösung völlig ausreicht. Diese differenzierte Herangehensweise schont unsere Willenskraft-Reserven, ohne unsere Qualitätsansprüche zu verraten.

Die Prävention von Burnout und die kluge Verwaltung unserer Willenskraft-Ressourcen bilden die Grundlage für langfristige Willenskraft. Mit diesem Verständnis sind wir nun bereit für den praktischen Teil unserer Willenskraft-Entwicklung.

Dein 30-Tage-Willenskraft-Trainingsplan

Ein systematisches Training der Willenskraft erfordert, ähnlich wie ein effektives Fitnessprogramm, eine durchdachte Struktur und eine schrittweise Steigerung. Der folgende 30-Tage-Plan integriert alle bisher gelernten Aspekte in ein praktisches, alltagstaugliches Programm. Aufbau des 30-Tage-Plans:

Woche 1 - Fundament legen:

Tag 1-3: Bestandsaufnahme und Zielsetzung
Tag 4-5: Entwicklung grundlegender Morgen- und Abendroutinen
Tag 6-7: Einführung des Energie-Tracking-Systems

Woche 2 - Bewusstes Handeln:

Tag 8-10: Integration der Mikro-Willensakte
Tag 11-14: Entwicklung von Wenn-Dann-Plänen für typische Herausforderungen

Woche 3 - Stärkung und Ausbau:

Tag 15-17: Erweiterung der Willenskraft-Übungen
Tag 18-21: Integration sozialer Unterstützungssysteme

Woche 4 - Verfestigung und Automatisierung:

Tag 22-25: Verfeinerung der Strategien
Tag 26-30: Etablierung langfristiger Gewohnheiten

[Woche 1: Das Fundament legen
Tag 1: Persönliche Willenskraft-Analyse

Morgens: 10 Minuten Reflexion über bisherige Willenskraft-Muster

Tagsüber: Führen eines Willenskraft-Tagebuchs - Notieren Sie jede Situation, die Willenskraft erfordert
Abends: Auswertung des Tages und Identifikation von drei Hauptherausforderungen für Ihre Willenskraft

Tag 2: Zielsetzung und Vision

Morgens: Definieren Sie Ihr Haupt-Willenskraftziel für die nächsten 30 Tage
Tagsüber: Erstellen Sie eine Visionslandkarte - Wo wollen Sie in Bezug auf Ihre Willenskraft in einem Monat stehen?
Abends: Entwickeln Sie drei konkrete, messbare Teilziele

Tag 3: Umgebungsoptimierung

Morgens: Analyse Ihrer Umgebung - Was unterstützt, was schwächt Ihre Willenskraft?
Tagsüber: Erste kleine Veränderungen in Ihrer Umgebung vornehmen
Abends: Plan für größere Umgebungsanpassungen erstellen

Tag 4: Einführung der Morgenroutine

5 Minuten Meditation
Bewusstes Trinken eines großen Glases Wasser
3 Minuten Stretching
Formulierung der Tagesintention

Tag 5: Entwicklung der Abendroutine

Digital Sunset eine Stunde vor dem Schlafengehen

Kurze Tagesrückschau
Vorbereitung für den nächsten Tag
Entspannungsritual

Tag 6: Energie-Tracking einführen

Morgens: Einrichten eines einfachen Tracking-Systems
Stündlich: Kurze Notiz zu Energielevel und Willenskraft
Abends: Erste Analyse der Energiekurve

Tag 7: Wochenreflexion und -planung

Morgens: Auswertung der gesammelten Daten
Mittags: Anpassung der Routinen basierend auf den Erkenntnissen
Abends: Detailplanung für Woche 2

Woche 2: Bewusstes Handeln
Tag 8: Einführung der Mikro-Willensakte

Morgens: Eine bewusste Mini-Herausforderung wählen (z.B. 30 Sekunden kaltes Duschen)
Tagsüber: Drei geplante Momente des bewussten Wartens (z.B. nicht sofort auf Nachrichten reagieren)
Abends: Reflexion über die Erfahrungen mit den Mikro-Willensakten

Tag 9: Entwicklung von Impulskontrolle

Morgens: „Stopp und Atme"-Technik einführen
Tagsüber: Bei jedem Impuls 10 Sekunden warten vor der Reaktion
Abends: Dokumentation der erfolgreichen Impulskontroll-Momente

Tag 10: Training der Entscheidungskraft

Morgens: Bewusste Entscheidungen treffen (z.B. Kleidungswahl ohne langes Zögern)
Tagsüber: Kleine, aber bestimmte Entscheidungen in verschiedenen Situationen
Abends: Analyse der Entscheidungsmuster

Tag 11-12: Wenn-Dann-Pläne entwickeln

Identifizieren Sie Ihre häufigsten Willenskraft-Herausforderungen
Erstellen Sie für jede Situation einen konkreten Wenn-Dann-Plan
Üben Sie diese Pläne in realen Situationen
Dokumentieren Sie Erfolge und Anpassungsbedarf

Tag 13-14: Integration und Verstärkung

Morgens: Überprüfung und Anpassung der Wenn-Dann-Pläne
Tagsüber: Bewusstes Einsetzen der gelernten Strategien

Abends: Erfolgsanalyse und Feinjustierung der Pläne
Zusätzlich: Einführung von Belohnungssystemen für erfolgreiche Umsetzung

Besondere Fokuspunkte der zweiten Woche:

Entwicklung von Automatismen für häufige Willenskraft-Situationen
Aufbau eines Bewusstseins für Trigger und Reaktionsmuster
Stärkung der Verbindung zwischen Intention und Handlung
Etablierung von Erfolgsmessungen und Fortschrittsdokumentation

Woche 3: Stärkung und Ausbau

Tag 15: Erweiterung der Willenskraft-Übungen

Morgens: Einführung einer 10-Minuten-Meditation zur Stärkung der mentalen Kontrolle
Tagsüber: Bewusstes Praktizieren von Verzögerungstaktiken bei Verlockungen
Abends: Integration einer längeren Konzentrations-Übung (20 Minuten fokussierte Arbeit)

Tag 16: Aufbau sozialer Unterstützung

Morgens: Identifikation potenzieller Unterstützer
Tagsüber: Aktive Kommunikation Ihrer Willenskraft-Ziele mit mindestens zwei Personen
Abends: Planung regelmäßiger Check-ins mit Ihrem Unterstützungsnetzwerk

Tag 17: Stressresistenz entwickeln

Morgens: Einführung von Stressmanagement-Techniken
Tagsüber: Bewusstes Üben der STOP-Technik in herausfordernden Situationen
Abends: Entwicklung eines persönlichen Stress-Präventions-Protokolls

Tag 18-19: Integration in den Berufsalltag

Morgens: Prioritätensetzung mit Willenskraft-Fokus
Tagsüber: Strukturierte Pausen zur Willenskraft-Regeneration
Abends: Analyse der beruflichen Willenskraft-Herausforderungen
Entwicklung spezifischer Strategien für den Arbeitskontext

Tag 20-21: Aufbau von Resilienz

Morgens: Einführung von „Willenskraft-Reserven"
Tagsüber: Bewusstes Üben von Rückschlagsbewältigung

Abends: Entwicklung eines persönlichen Resilienz-Rituals
Integration von Selbstfürsorge-Praktiken

Fokus der dritten Woche:

Vertiefung der etablierten Praktiken
Aufbau eines unterstützenden sozialen Umfelds
Entwicklung von Strategien für komplexere Herausforderungen
Stärkung der emotionalen Widerstandsfähigkeit

Woche 4: Verfestigung und Automatisierung
Tag 22: Fortschrittsanalyse und Anpassung

Morgens: Umfassende Auswertung der bisherigen drei Wochen
Tagsüber: Identifikation erfolgreicher und verbesserungswürdiger Bereiche
Abends: Entwicklung eines personalisierten Plans für die verbleibende Zeit
Feinjustierung der täglichen Routinen basierend auf den Erkenntnissen

Tag 23-24: Vertiefung der Kernpraktiken

Morgens: Integration der effektivsten Übungen in eine optimierte Morgenroutine

Tagsüber: Bewusstes Praktizieren der am besten funktionierenden Strategien
Abends: Entwicklung eines nachhaltigen Systems zur Aufrechterhaltung
Fokus auf Automatisierung erfolgreicher Verhaltensweisen

Tag 25-27: Herausforderungsphase

Morgens: Einführung komplexerer Willenskraft-Übungen
Tagsüber: Bewusstes Aufsuchen von Situationen, die Willenskraft erfordern
Abends: Reflexion und Anpassung der Bewältigungsstrategien
Entwicklung von Notfallplänen für besonders fordernde Situationen

Tag 28-30: Zukunftsplanung und Nachhaltigkeit

Etablierung eines langfristigen Monitoring-Systems
Entwicklung von Strategien für anhaltende Motivation
Planung regelmäßiger Check-ins und Anpassungen
Erstellung eines persönlichen Willenskraft-Manifests

Besondere Elemente der finalen Woche:

Integration aller gelernten Techniken in ein kohärentes System
Entwicklung personalisierter Langzeitstrategien

Aufbau von Mechanismen zur Selbstüberwachung
Vorbereitung auf zukünftige Herausforderungen

Die Zeit nach der Challenge:

Nachhaltige Integration

Regelmäßige Überprüfung und Anpassung:

Führen Sie monatliche Willenskraft-Audits durch
Evaluieren Sie Ihre Fortschritte alle drei Monate
Passen Sie Ihre Strategien an veränderte Lebensumstände an
Setzen Sie sich neue, herausfordernde Ziele

Etablierung eines dauerhaften Support-Systems:

Halten Sie regelmäßige Check-ins mit Ihrem Unterstützungsnetzwerk

Suchen Sie sich einen langfristigen Accountability-Partner

Bleiben Sie Teil einer Willenskraft-Community

Teilen Sie Ihre Erfahrungen mit anderen

Entwicklung einer persönlichen Willenskraft-Philosophie:

Integrieren Sie die gelernten Prinzipien in Ihre Lebensweise

Entwickeln Sie ein tieferes Verständnis Ihrer persönlichen Trigger

Schaffen Sie eine Balance zwischen Herausforderung und Regeneration

Bleiben Sie flexibel und anpassungsfähig

Präventive Maßnahmen:

Erkennen Sie frühzeitig Anzeichen von Willenskraft-Erschöpfung

Planen Sie regelmäßige Regenerationsphasen ein

Halten Sie Ihre Grundroutinen auch in stressigen Zeiten aufrecht

Entwickeln Sie Strategien für vorhersehbare Herausforderungen

Dein starker Wille – Dein starkes Leben

Liebe Leserin, lieber Leser,
die Reise zur Stärkung Ihres Willens nähert sich ihrem Ende, aber in Wirklichkeit ist dies erst der Beginn. Sie haben in den vergangenen Kapiteln nicht nur theoretisches Wissen erworben, sondern konkrete Werkzeuge und Strategien kennengelernt, die Ihnen helfen, Ihre Willenskraft nachhaltig zu stärken.
Lassen Sie uns die wichtigsten Erkenntnisse zusammenfassen:
Willenskraft ist keine statische Eigenschaft, sondern eine trainierbare Fähigkeit. Wie ein Muskel wird sie durch regelmäßiges Training stärker und durch Überbelastung geschwächt. Sie haben gelernt, dass der kluge Einsatz Ihrer Willenskraft oft wichtiger ist als pure Anstrengung.
Die Verbindung zwischen Körper und Wille ist fundamental. Ein ausgeruhter Körper, gesunde Ernährung und regelmäßige Bewegung sind nicht nur gut für Ihre physische Gesundheit, sondern bilden die Grundlage für einen starken Willen.
Besonders wichtig ist die Erkenntnis, dass soziale Unterstützung keine Schwäche, sondern eine Stärke ist. Ein

unterstützendes Umfeld multipliziert Ihre Willenskraft und hilft Ihnen, auch schwierige Phasen zu überstehen.

Ein starker Wille ist mehr als nur die Fähigkeit, „Nein" zu sagen oder Versuchungen zu widerstehen. Er ist der Schlüssel zu einem selbstbestimmten Leben. Mit den Werkzeugen und Strategien, die Sie in diesem Buch kennengelernt haben, sind Sie nun in der Lage, Ihr Leben aktiv zu gestalten statt nur auf Umstände zu reagieren.

Ihr Ausblick in die Zukunft:

Die kommenden Monate werden Ihnen viele Gelegenheiten bieten, Ihre gestärkte Willenskraft zu erproben. Dabei werden Sie feststellen, dass Erfolge sich gegenseitig verstärken: Jeder gemeisterte Willensakt stärkt Ihr Selbstvertrauen und macht den nächsten leichter. Sie entwickeln eine positive Aufwärtsspirale der Selbstwirksamkeit.

Besonders wertvoll wird die Erkenntnis sein, dass Rückschläge keine Niederlagen sind, sondern wertvolle Lerngelegenheiten. Ihre neue Fähigkeit, aus Herausforderungen zu lernen und gestärkt daraus hervorzugehen, wird Ihnen in allen Lebensbereichen zugutekommen.

Ein letzter, wichtiger Gedanke: Willenskraft ist kein Selbstzweck. Sie ist ein Werkzeug zur Verwirklichung Ihrer Träume und Ziele. Nutzen Sie sie weise, um das Leben zu gestalten, das Sie sich wünschen. Denken Sie daran: Ein starker Wille öffnet Türen zu Möglichkeiten, die vorher verschlossen schienen.

Die Reise zu einem stärkeren Willen ist nie wirklich zu Ende. Aber mit jedem Schritt, den Sie gehen, mit jeder Herausforderung, die Sie meistern, wächst Ihre innere Stärke. Sie haben alle Werkzeuge, die Sie brauchen. Jetzt liegt es an Ihnen, sie zu nutzen.

Machen Sie sich auf den Weg zu einem Leben, in dem Ihr Wille nicht Ihr Gegner, sondern Ihr stärkster Verbündeter ist. Die Zukunft gehört denen, die die Kraft haben, sie zu gestalten.

Mit den besten Wünschen für Ihren weiteren Weg,

Frank Kralemann

Anhang

Weiterführende Ressourcen – Apps und Literatur zur Willenskraft

Liebe Leserin, lieber Leser,

um Ihnen die Umsetzung und Vertiefung der gelernten Konzepte zu erleichtern, habe ich für Sie eine sorgfältig ausgewählte Sammlung von digitalen Werkzeugen und Büchern zusammengestellt. Diese Ressourcen sind ideal, um Ihre Willenskraft-Entwicklung weiter zu unterstützen und zu vertiefen.

Empfehlenswerte Apps zur Stärkung der Willenskraft
Habit-Tracking und Gewohnheitsbildung:

Habitica: Verwandelt Ihre Ziele und Gewohnheiten in ein RPG-Spiel. Besonders motivierend durch spielerische Elemente.

Streaks: Minimalistisches Design mit Fokus auf das Aufrechterhalten von täglichen Gewohnheiten.

Loop Habit Tracker: Open-Source-App mit detaillierten Statistiken und Visualisierungen Ihrer Fortschritte.

Way of Life: Ermöglicht die Dokumentation guter und schlechter Gewohnheiten mit umfassenden Analysefunktionen.

Fokus und Konzentration:

Forest: Pflanzen Sie einen virtuellen Baum, der wächst, während Sie fokussiert arbeiten, und abstirbt, wenn Sie vorzeitig abbrechen.

Freedom: Blockiert ablenkende Websites und Apps auf all Ihren Geräten für festgelegte Zeiträume.

Brain.fm: Bietet speziell komponierte Musik zur Verbesserung der Konzentration, basierend auf neurowissenschaftlichen Erkenntnissen.

Meditation und Stressmanagement:

Headspace: Geführte Meditationen mit spezifischen Programmen für Willenskraft und Selbstkontrolle.

Calm: Bietet verschiedene Meditations- und Achtsamkeitsübungen sowie Schlafgeschichten.

Waking Up: Von Sam Harris entwickelte App mit tiefgreifenden Meditationsanleitungen und philosophischen Einblicken.

Insight Timer: Größte kostenlose Sammlung von Meditationen mit spezifischen Inhalten zur Willenskraft.

Zeitmanagement und Produktivität:

Todoist: Leistungsstarke Task-Management-App mit integrierten Produktivitätsmetriken.

Pomodoro Timer: Verschiedene Apps basierend auf der Pomodoro-Technik für strukturiertes Arbeiten und Pausen.

RescueTime: Analysiert Ihre digitale Zeitnutzung und gibt Einblicke in Produktivitätsmuster.

Notion: Umfassendes Werkzeug zum Organisieren von Zielen, Projekten und Wissen.

Schlaf und Erholung:

Sleep Cycle: Analysiert Ihre Schlafmuster und weckt Sie in der optimalen Schlafphase.

Sleepio: Wissenschaftlich fundiertes Programm zur Verbesserung der Schlafqualität.

Calm Sleep Stories: Teil der Calm-App, bietet entspannende Geschichten zum Einschlafen.

HRV4Training: Misst Ihre Herzratenvariabilität als Indikator für Stress und Erholung.

Empfehlenswerte Literatur zur Willenskraft
Wissenschaftliche Grundlagen:

„Die Macht der Gewohnheit" von Charles Duhigg

Ein faszinierender Einblick in die Wissenschaft der Gewohnheitsbildung mit praktischen Anwendungen.

„Schnelles Denken, langsames Denken" von Daniel Kahneman

Grundlegendes Werk über die zwei Denksysteme unseres Gehirns und deren Einfluss auf unsere Entscheidungen.
„Willpower: Rediscovering the Greatest Human Strength" von Roy F. Baumeister und John Tierney

Bahnbrechende Forschung zur Willenskraft mit konkreten Strategien zur Stärkung der Selbstkontrolle.

„The Marshmallow Test" von Walter Mischel
Berühmte Studie zur Selbstkontrolle und deren langfristigen Auswirkungen auf den Lebenserfolg.

Praktische Anwendungen:

„Atomic Habits" von James Clear
Konkrete Strategien zur Entwicklung guter Gewohnheiten und zur Überwindung schlechter Muster.

„Die 5 Sekunden Regel" von Mel Robbins
Einfache, aber wirkungsvolle Technik zur Überwindung von Prokrastination und Angst.

„Grit: The Power of Passion and Perseverance" von Angela Duckworth
Erforschung der Bedeutung von Durchhaltevermögen für langfristigen Erfolg.

„Mindset: The New Psychology of Success" von Carol S. Dweck
Wie unsere Überzeugungen über unsere Fähigkeiten unseren Erfolg beeinflussen.

Philosophische und inspirierende Werke:

„Der Weg zur Freiheit" von Epiktet
Zeitlose stoische Weisheit zur Selbstbeherrschung und inneren Freiheit.

„Man's Search for Meaning" von Viktor E. Frankl
Bewegende Erfahrungen aus dem Konzentrationslager und Einblicke in die Kraft des Sinns.

„Flow: Das Geheimnis des Glücks" von Mihaly Csikszentmihalyi
Erforschung des optimalen Erlebniszustands und dessen Bedeutung für ein erfülltes Leben.

„Der tägliche Stoiker" von Ryan Holiday und Stephen Hanselman
366 Meditationen über Weisheit, Beharrlichkeit und die Kunst des Lebens.

Diese sorgfältig ausgewählten Ressourcen bieten Ihnen verschiedene Zugänge zum Thema Willenskraft und ergänzen die in diesem Buch vorgestellten Konzepte. Wählen Sie die Werkzeuge und Quellen, die am besten zu Ihren persönlichen Bedürfnissen und Ihrem Lernstil passen. Denken Sie daran, dass nicht die Menge, sondern die konsequente Anwendung der Ressourcen den Unterschied macht.

Mit diesen zusätzlichen Hilfsmitteln sind Sie bestens ausgestattet, um Ihre Willenskraft weiter zu stärken und zu einem selbstbestimmten Leben zu finden.